Émile Senart
Illustrations par Henriette Tirman

La Bhagavad Gîtâ

1922

Édition : BoD · Books on Demand, 31 avenue Saint-Rémy,
57600 Forbach, bod@bod.fr
Impression : Libri Plureos GmbH, Friedensallee 273,
22763 Hamburg (Allemagne)
ISBN : 978-2-3225-3552-1
Dépôt légal : Février 2025

TABLE DES MATIÈRES

Avertissement	9
Introduction	11
I. — L'angoisse d'Arjuna	39
II. — La spéculation	47
III. — L'action	60
IV. — La connaissance et l'action	68
V. — Le renoncement	76
VI. — La contemplation	82
VII. — Les précisions de la connaissance	90
VIII. — Le salut en Brahman	96
IX. — Le mystère royal	102
X. — Les manifestations	109
XI. — La vision de l'Être innombrable	116
XII. — La Bhakti	126
XIII. — Le Monde sensible et l'Esprit	131
XIV. — La répartition des trois Gunas	138
XV. — L'Esprit suprême	143
XVI. — Destinées divines et destinées démoniaques	148
XVII. — La triple Foi	163
XVIII. — Renoncement et Délivrance	159

AVERTISSEMENT

Cette traduction est destinée au public lettré ; elle ne devait pas s'alourdir de commentaires techniques. Les notes très peu nombreuses n'ont d'autre objet que de rendre notre texte plus accessible, même à des lecteurs peu préparés.

L'introduction est elle-même très sommaire. Les idées qui s'expriment dans la Bhagavadgîtâ sont indissolublement enchevêtrées aux doctrines les plus caractéristiques de la pensée religieuse chez les Hindous. Plusieurs seront naturellement tentés de les envisager d'un point de vue plus universel. Du moins seront-ils avertis du danger que, à exagérer la portée de ces formulés, ils courent d'en fausser le sens. Trop souvent des généralisations brillantes tirent de l'histoire, et même de documents authentiques, des conclusions que le philologue, esclave des méthodes rigoureuses, ne peut s'empêcher d'estimer trop subjectives et aisément décevantes.

Les habitués de la présente collection sont déjà familiarisés avec la transcription des mots sanscrits. Il me suffira de rappeler ici, pour lever toute hésitation de lecture, que

u représente toujours le son *ou* ;

e est toujours *é* long ;

ai et *au* expriment les diphthongues *aï*, *aou* ;

que *g* se prononce toujours comme en français devant *a*, *o*, *u* ;

que *č* se doit lire *tch* ; *j*, *dj* et *sh*, *ch*, comme dans la graphie anglaise.

INTRODUCTION

LA BHAGAVADGÎTÂ est un poème illustre. Il en est peu, dans la littérature universelle, qui aient provoqué de plus vifs enthousiasmes. Des œuvres du génie hindou, elle fut, en 1785, grâce à la traduction de Wilkins, révélée la première à l'Occident. Cette date marque le moment où commença de se déchirer le voile qui, depuis tant de siècles, dérobait à l'Europe le passé de l'Inde. L'heure était propice : le courant romantique porta vite et haut la renommée de ces vers. La recommandation de Schlegel, de G. de Humboldt, de Hegel, acheva d'exalter les premières curiosités ; elles s'avivaient du préjugé qui, à cette époque, attribuait à la civilisation hindoue une antiquité prodigieuse.

L'écho de cette renommée ne s'est pas éteint. La Gîtâ avait de quoi se défendre, même devant des juges moins prévenus. Elle était destinée à en rencontrer de plus favorables encore : les cénacles théosophiques et ésotériques se réclament volontiers de l'Inde. Je m'arrête au seuil du sanctuaire. Ce n'est pas un livre d'édification, même philosophique, que nous apportons ici. Pour être plus profane, notre zèle n'en est pas moins empressé.

Aujourd'hui encore, ces vers gardent une belle part de leur vertu sur le peuple dont ils résument, non sans force ni sans éclat, plusieurs des idées maîtresses ; aujourd'hui encore, dans un pays naturellement enclin à la piété, ils agissent en consolation et en lumière sur beaucoup d'esprits ; comment ne pas les aborder avec une déférence sincère ? Plusieurs pourront ressentir ce qu'ont, à nos yeux, de fantastique, d'étrange, de choquant parfois, certaines conceptions qu'ils évoquent ; personne ne demeurera insensible à leur haute inspiration.

Les visions et les allures partout analogues du mysticisme, dont le souffle grisant frémit dans ces stances, rapprochent les temps et les lieux. Quel qu'en soit le charme subtil, une œuvre où, depuis des siècles, l'Inde se plaît à se reconnaître, dont elle aime à se glorifier, nous attire avant tout par ce que, dans le fond et dans la forme, elle révèle des notions, des procédés et des tendances de l'esprit hindou.

On n'entre pas de plain-pied dans un monde si éloigné de nos façons de penser que trop souvent le traducteur est réduit à garder, sous leur forme indigène, des termes pour lesquels nous manquent des équivalents, même approximatifs. Ce n'est pas ici et dans les limites où il convient de m'enfermer, que se peuvent aborder tous les problèmes qui se posent, ni approfondir des discussions singulièrement délicates. Des indications rapides ne peuvent d'ailleurs suppléer que bien imparfaitement à ces impressions directes qu'éveille et que contrôle, seule, une familiarité prolongée avec les manifestations diverses d'une race dans l'histoire et dans la vie. Au moins, voudrais-je, en les invitant à pénétrer sur un terrain assez tourmenté, offrir aux lecteurs patients quelques fils conducteurs.

*

Et, tout d'abord, qu'est-ce que la Bhagavadgîtâ ?

Elle se présente comme un fragment du Mahâbhârata.

De l'immense épopée, le centre est le récit de la lutte qui met aux prises pour le pouvoir suprême deux branches d'une même famille : d'une part, les cinq fils de Pâṇḍu (dont Arjuna) ; de l'autre, leur oncle Dhṛitarâshṭra avec Duryodhana et ses quatre-vingt-dix-neuf frères. Mais, débordant de toutes parts le cadre héroïque, elle a pris figure d'encyclopédie. Elle ne s'est pas contentée de s'enrichir de tout un trésor de légendes pieuses ou guerrières, rattachées à la donnée principale par des liens souvent très ténus ; elle s'est ouverte à des développements religieux, didactiques, si vastes, qu'ils ont donné prétexte à la considérer comme étant, d'origine et de plan prémédité, une sorte de Corpus *de la religion, de la morale et du droit. La Bhagavadgîtâ ou « Chant du Seigneur » — plus complètement la « Bhagavadgîtâ upanishad », « la doctrine exposée par le Seigneur » — est un de ces épisodes.*

Déjà les deux armées sont rangées en ordre de bataille ; Arjuna veut considérer les chefs contre lesquels il va avoir à engager la lutte ; il se fait mener devant les lignes. Le conducteur de son char de guerre est Kṛishṇa, son parent, de la lignée de Yadu. Le dialogue qui se déroule à ce moment entre les deux héros forme le cadre du poème. Le roi Dhṛitarâshṭra est aveugle ; son cocher, Sañjaya, a reçu le privilège de se transporter instantanément sur tous les points du champ de bataille, de ne rien perdre de ce qui s'y passe. C'est lui qui rapporte l'incident au vieux souverain enfermé dans sa nuit.

Kṛishṇa entre en scène comme compagnon d'Arjuna ; mais aussitôt il se manifeste en maître religieux ; il se transfigure en entité divine ; le moment d'après, il s'affirme le dieu unique, identique à l'Âme universelle. C'est bien ainsi, quelle que soit, au vrai, son origine, historique ou mythologique, quelles qu'aient été les étapes de cet avènenement, que Kṛishṇa-Vâsudeva nous apparaît, dans la plus grande partie du Mahâbhârata, s'épanouissant — soit directement, soit par identification avec Nârâyaṇa-Vishṇu — en divinité suprême. À une certaine époque, ses fidèles constituèrent une religion à eux ; l'épithète de Bhagavat spécialement attribuée à leur dieu leur valut le nom de Bhâgavatas, « adorateurs de Bhagavat ». La Bhagavadgîtâ représente le texte fondamental de la secte.

Tel qu'il nous est parvenu, avec ses cent mille strophes et ses disparates de toutes sortes, le Mahâbhârata ne peut passer pour l'œuvre d'un homme, ni même d'une génération. On a, pour en expliquer la composition, proposé plus d'un système. Il est clair, tout au moins, que c'est de la classe savante que le thème, d'essence héroïque, a reçu sa forme définitive. Les éléments multiples qu'il paraît avoir absorbés ont pu s'y introduire à des époques diverses. Toute chronologie est, dans l'Inde, fâcheusement flottante, surtout pour les périodes antérieures aux premiers synchronismes que fournissent, à la fin du IVe *siècle avant Jésus-Christ, les témoignages helléniques. Combien l'incertitude coutumière ne s'aggrave-t-elle pas en face d'un poème immense, impersonnel, qui a dû s'accroître par stratifications successives ? On admet que le texte que nous possédons ne s'est plus modifié sensiblement depuis les environs de l'an 300 de notre ère. Qu'est-ce à dire si les parties les plus anciennes en peuvent être, en substance, antérieures de bien des siècles ?*

Il ne reste qu'à considérer notre épisode en lui-même. Les questions se pressent. Quelle est sa date ? Quelle place tient-il dans l'évolution religieuse ?

*

La Bhagavadgîtâ n'est pas l'exposé méthodique d'une doctrine organiquement ordonnée. Elle se déroule en une trame très lâche. Assurément, on y reconnaît à plusieurs reprises le souci de se relier aux données de la scène où elle est assez artificiellement enchâssée ; mais, en somme, les idées y vont et reviennent sans enchaînement exact ; les répétitions y foisonnent et certains développements s’y donnent carrière sans proportion avec l’importance doctrinale des sujets qu’ils touchent. Des affirmations y voisinent qui se heurtent ou se contredisent.

On s’est refusé à croire que des disparates si évidentes pussent remonter à une composition unique. On a supposé que, tel qu’il nous est parvenu, le poème résultait d’une double élaboration : un texte primitif aurait, ultérieurement, de mains dirigées par une philosophie rivale, subi des altérations, surtout des additions essentielles.

Dans le cadre de l’orthodoxie brahmanique, deux systèmes spéculatifs principaux s’affrontent : le Vedânta moniste qui proclame l’unité de tout dans l’être absolu (brahman, âtman), *le Sâṃkhya, qui s’inspire d’un dualisme irréductible en séparant complètement l’esprit et le monde sensible* (purusha *et* prakṛiti). *C’est, chose singulière, tantôt l’un, tantôt l’autre, que l’on a tour à tour présenté comme ayant présidé soit à la rédaction, soit aux retouches.*

On s’est appliqué à discerner les morceaux de provenances différentes ; tentatives fragiles autant qu’arbitraires. Bien des incohérences échappent ou résistent. Un remaniement intentionnel, imposé par des convictions intransigeantes, aurait dû, semble-t-il, procéder par élimination des doctrines adverses ; ici les philosophèmes contradictoires se juxtaposent et s’associent, le plus souvent sans que se manifeste aucun effort pour en atténuer ou en concilier les antinomies.

Il faut certainement renvoyer dos à dos les deux thèses.

On a, plus d'une fois, abusé de cet expédient qui consiste à admettre de vastes interpolations. Il est trop commode pour n'être pas d'abord un peu suspect. Il se heurte ici à une objection décisive.

Il n'est pas douteux que la Bhagavadgîtâ rapproche des théories, des termes, des classifications qui s'opposent dans les formules définitives des deux écoles philosophiques. Mais, sans parler de livres comme les « Lois de Manu », presque tous les morceaux didactiques du Mahâbhârata sont dans le même cas[1].

Et que dire de toute une série d'upanishads, Kâṭhaka, Çvetâçvatara, Maitrâyaṇa, Muṇḍaka, où le mélange est cependant trop intime pour se laisser disjoindre en courants autonomes ? Un fait si étendu, si lié, ne s'explique pas par des accidents fortuits. Nous sommes en présence d'un état d'esprit qui a eu de la consistance et de la durée. La Bhagavadgîtâ n'en est qu'une manifestation entre beaucoup d'autres, à mon avis la plus instructive. Comment le faut-il entendre ? Et comment s'est-il produit ?

Prenant, en quelque sorte, le contrepied des vues que j'écartais tout à l'heure, un critique a, dans cette condition des croyances, cru reconnaître un moment normal de l'évolution des idées : ce qui, pour d'autres, est le mélange paradoxal de systèmes contraires lui est apparu comme un ensemble logiquement harmonieux. De ce tronc unique, les doctrines rivales n'auraient divergé que par la suite en branches indépendantes, hostiles. Au service de cette pensée il a mis un effort persévérant. Très abondants, ses commentaires n'ont pas paru très persuasifs. Ce n'est pas le lieu d'en renouveler le procès par le menu. À coup sûr, la thèse a recueilli peu de suffrages. Même si ses interprétations du détail étaient plus convaincantes, elles supposeraient chez les Hindous de cette époque un souci de construction, une capacité d'organisation systématique qu'il n'est pas raisonnable d'attendre. Ils étaient mal préparés à dévider, suivant des lignes logiques, l'écheveau compliqué d'une théorie maîtresse.

L'appareil didactique dans lequel les Hindous ont enfermé intrépidement les enseignements mêmes qui semblent y répugner le plus, ne doit pas faire illusion. Leurs vues spéculatives ne se fondent guère sur des prémisses nettes, sur des enchaînements rigides, satisfaisants pour notre esprit. Beaucoup plus que par déductions serrées, leur pensée procède par intuitions et par classifications partielles. Naturellement enclin à unifier, à réduire les oppositions, leur mysticisme subit volontiers le prestige des combinaisons d'images et de mots.

Ce qui est vrai pour toutes les époques l'est particulièrement pour les temps anciens, avant que, mûrie par l'expérience et obéissant à l'évolution naturelle, leur réflexion fût devenue plus exigeante et s'ordonnât dans les formes scolastiques.

Là où M. Dahlmann découvre un effort puissamment concentré, la Bhagavadgîtâ, dans ses incohérences, offre l'image évidente d'une pensée inconsistante, dispersée.

C'est, je pense, de la nature, des conditions du mouvement religieux dont relèvent ces spéculations, que se dégage leur vrai caractère. Ce mouvement correspond à ce que j'appellerais la période épique, l'âge où, au déclin des temps védiques, se sont formés et combinés les courants qui ont abouti au type classique du brahmanisme.

*

Les limites chronologiques n'en sont rien moins que précises. Ce qui est sûr, c'est que, de bonne heure, au-dessous du niveau marqué pour nous par la tradition, ésotérique en un sens, des brâhmanas, des vieilles upanishads, naquirent ou se propagèrent des idées, des cultes nouveaux. La littérature sacerdotale fut plus ou moins lente à se les approprier ; mais, en somme, ils fournirent l'armature de la religion générale du pays. Issus, sans doute, de germes populaires, accueillis et fécondés par les dirigeants des hautes classes, ils forcèrent la forteresse des croyances et de l'organisation sociale propres à la primitive culture âryenne. C'est le temps où l'épopée se meut ou plonge ses racines. Là fermentent les éléments d'où rayonneront soit, sous leurs formes initiales, les sectes réputées orthodoxes, soit telle religion, comme le bouddhisme, qui, en rompant avec le ritualisme et la primauté brâhmaniques, se rejette formellement dans l'hétérodoxie.

La foi à la transmigration est universellement acceptée ; elle domine pratiquement tous les esprits ; elle pénètre toutes les écoles. Pour tous, il s'agit de se libérer de ce retour éternel à des existences sans fin, d'assurer le « salut » (moksha). *C'est le problème de la délivrance ; l'objet est commun à tous, diverses les voies qui y mènent.*

La classe sacerdotale tend à réserver ce privilège à l'accomplissement des rites dont elle a le dépôt. Plusieurs préconisent la pratique d'austérités auxquelles, sans doute sous l'influence persistante de vieilles notions magiques, on attribue une puissance supérieure à la résistance même des dieux. Puis, c'est le pouvoir merveilleux de la gnose (jñâna), *connaissance de la vertu du sacrifice, connaissance surtout des intuitions transcendantes qu'exaltent les plus anciens livres qui proclamèrent l'unité en Brahman ; une vision qui paraît avoir, de très bonne heure, enchanté et dominé l'âme hindoue et qui demeure, à travers les âges, comme le pôle vers lequel toujours elle gravite.* Brahman *devient le nom de l'absolu, mais il ne le devient que parce qu'il a d'abord désigné la prière, l'hymne et, par extension, l'ensemble du sacrifice.*

D'autre part, l'idée de la transmigration, une fois établie, se complète et s'organise ; le mérite acquis ou le démérite encouru pendant les existences terrestres, apparaît comme un capital moral, en crédit ou en débit ; la balance conditionne la nature des naissances qui se succéderont pour chacun, agréables ou pénibles. C'est ce qu'on appelle le Karman, *littéralement l' « acte », le fruit des actes. Et il était naturel que le Karman prît ainsi figure de cause universelle, chaque action devenant nécessairement cause d'action, donc d'existence ultérieure. Parallèlement, dans la tradition sacerdotale,* Karman *désigne l'acte rituel auquel est attribuée une vertu infinie.*

Ces homonymies ont-elles jamais été purement accidentelles ? On voit, du moins, à quelles constructions elles risquaient d'encourager des esprits qui, impressionnables aux jeux mystiques, traversent une crise de croissance où ils se montrent à la fois très épris de formules, peu regardants sur la solidité des rapprochements, prompts à se payer de comparaisons et d'à peu près.

Des deux voies où s'engage l'école védique et sacerdotale, l'une, celle de la gnose, se greffait sans doute sur la puissance qu'une superstition presque universelle attribue à la connaissance de mots et de formules réputés mystérieux ; l'autre était celle du sacrifice. Toutes deux pouvaient aisément converger en harmonisant leur discordance sous le vocable commun de « Brabman ».

Cependant, pas plus que le respect des rites ne supprimait le prestige de l'ascèse, l'exaltation moniste n'épuisait la curiosité spéculative. Le « Yoga » qui devait discipliner et systématiser l'effort ascétique, en discerner les degrés et les effets, ouvrait une voie parallèle ; au-dessous de la vision éblouie de l'unité, la recherche philosophique consacrait au monde des réalités, à l'analyse plus ou moins serrée de ses éléments, un travail de classification et d'énumération d'où sortit aussi son nom de « Sâṃkhya ».

Assurément, toutes ces vues tendaient à se constituer en enseignements particuliers, en darçanas *: Vedânta, Sâṃkhya, Yoga, Mîmâṃsâ. Dans la période ancienne, elles n'apparaissent pas encore ordonnées en théorèmes définitifs ; bien moins sont-elles ressenties isolément comme sources de vérité exclusives et inconciliables. Ce sont des tracés de pensée indépendants. Elles gardent une plasticité favorable à toutes les combinaisons ; et l'on s'affaire moins de comparer leur valeur rationnelle que de les compléter les unes par les autres et de multiplier d'autant les moyens de salut.*

On entrevoit, des lors comment des doctrines diverses — expression des plus primitives intuitions où survivances de superstitions vénérables, tentatives de réflexion spontanée ou essais hésitants de généralisation — purent se rejoindre dans une atmosphère pacifique ; elles y demeuraient en suspension, prêtes soit à se rapprocher, soit à servir des initiatives religieuses qui entendaient s'en parer beaucoup plus qu'elles ne s'en déduisaient.

Le développement d'une caste sacerdotale nombreuse, maîtresse de l'activité intellectuelle, à laquelle son pouvoir social et son autorité professionnelle assurent beaucoup de liberté avec beaucoup de ressources, le goût spontané de la race pour les classifications et sa mysticité naturelle créent ici une situation unique.

Morcellement infini des enseignements consacrés, sous une multitude de maîtres autonomes, tant au rituel qu'à d'autres objets, au fur et à mesure qu'ils prennent corps ; mobilité des étudiants qui, en attendant qu'ils deviennent maîtres à leur tour, se trouvent, dans leur carrière volontiers itinérante, à même de puiser à des sources variées ; habitude prolongée pendant des siècles d'une méthode purement orale, donc facilement ouverte à toutes les influences, délibérées ou accidentelles : c'est de quoi préparer des syncrétismes auxquels son tour imaginatif et son besoin assez faible de logique rigoureuse inclinaient d'ailleurs l'esprit hindou. La force persuasive qu'exercent sur lui des rapprochements et des étymologies fantaisistes, le prédisposent à des combinaisons dont s'éblouit sa facilité brillante. Nulle orthodoxie catégorique ne le met en défense.

Tel est le milieu où s'élabore la pensée religieuse de ce moyen âge hindou. Il plonge dans les croyances et les pratiques de l'immigration aryenne ; il aboutit aux formes familières du brâhmanisme hindouiste. Il couvre donc une vaste évolution. Malheureusement, surtout dans la période ancienne, le mécanisme nous en échappe. La littérature védique a seule encore la parole : elle le masque beaucoup plus qu'elle ne le révèle. Tandis que le mouvement se poursuit dans les couches profondes, elle ne reflète que ce que professent les milieux élevés de la classe sacerdotale. Il faut compter avec le régime des classes et des castes, avec le privilège littéraire des brâhmanes. Les faits, ici, ne se classent pas seulement par leur âge, mais par le niveau social auquel ils correspondent. Le rapport qu'il est naturel d'établir entre la genèse des idées et la date des livres risque d'être décevant.

Les brâhmaṇas, très particulièrement le Çatapatha, font des allusions assez enveloppées à la métempsycose et au dogme du Karman. On a cru pouvoir en conclure que, de leur temps, ces conceptions étaient encore tout juste naissantes. Ils semblent parfois envisager les renaissances dans l'au-delà et prévoir pour les Mânes, pour ceux du moins à qui leurs mérites n'auraient pas conquis l'immortalité parmi les dieux, l'éventualité d'une mort nouvelle. On en a conclu que, de cette notion que l'on suppose primitive, (que l'on présente d'ailleurs plus précise qu'elle ne m'apparaît,) se serait lentement élaborée, par voie d'analogie ou de développement logique, toute la théorie de la transmigration. Base bien fragile et bien étroite pour une croyance qui a fait une si large fortune ! Se peut-il que, destinée à exercer sur l'esprit hindou une emprise si profonde, si irrévocable, elle soit sortie non d'un fait général, d'une orientation spontanée des imaginations, mais d'une déduction théologique ? Conçoit-on, si elle n'eût pas été solidement constituée antérieurement au Çatapaiba brâhmaṇa, à la Bṛihadâraṇyaka, à la Čhândogya upanishad, qu'elle eût pu, à l'heure ou naissait le bouddhisme, détenir l'autorité souveraine que nous lui voyons dès lors ?

Ne faut-il pas bien plutôt renverser les termes ? Ce n'est pas de la Re-mort (punarmṛityu, *c'est-à-dire, en réalité,* punaḥpunarmṛityu) *qu'est sorti le Saṃsâra ; c'est la popularité acquise à la doctrine du Saṃsâra qui aurait suggéré soit de doubler Mṛityu, la mort, d'un équivalent marqué au coin de cette doctrine, la mort répétée, Punarmṛityu, soit de placer sous le patronage d'un grand sage brahmanique ce nom auguste du « Karman », dans lequel se fondaient et la conception du mérite moral et la vieille notion brâhmanique de la toute-puissance du rite.*

Dans ses cercles privilégiés, la classe sacerdotale prolongea bien au delà des temps où elles purent jouir d'une action générale et populaire — ne pourrait-on pas dire qu'elle les prolonge aujourd'hui encore ? — les traditions qui formaient le trésor de ses croyances propres et le fondement de son autorité. Les brâhmaṇas sont des manuels du ritualisme védique. Leur cycle littéraire représente beaucoup moins des idées en formation que des combinaisons, verbales ou légendaires, propres à glorifier pratiques et notions consacrées. Les doctrines différentes qui, agissant ou dominant à des étages inférieurs, n'ont pas eu le pouvoir de s'individualiser en symboles autonomes, ne s'y manifestent que par occasions. Affleurement sporadique qui atteste du moins leur préexistence. Dès longtemps, sans doute, elles tendaient à pénétrer dans l'enseignement comme elles avaient fait dans la vie. Elles n'y apparurent définitivement installées et faisant corps avec lui que dans cette stratification nouvelle de la littérature épique où, des apports divers et des tentatives d'accommodation réciproque, se dégagea finalement la physionomie mobile, assez floue, de l'orthodoxie classique.

*

Tout, on l'a vu, favorisait, dans cette période, l'éclosion de groupements qui, malgré leur indépendance relative, puisaient en somme à un même réservoir commun. Combien de passages, de vers, de formules se retrouvent dans des ouvrages qui relèvent soit de sectes, soit d'écoles différentes !

La Bhagavadgîtâ en offre elle-même bien des exemples.

Il n'est pas question d'y voir l'exposé des vues personnelles et de la libre méditation d'un penseur original. Les incohérences en seraient inimaginables, autant que les fragiles essais de conciliation qu'on y voit poindre, dans un temps et chez un auteur pour qui se seraient posées nettement les incompatibilités et les exigences respectives de principes rivaux.

D'autre part, plusieurs des données propres au Sâṃkhya classique — telle la multiplicité infinie des âmes — ne s'y manifestent pas ; certaines énumérations caractéristiques de la doctrine y accusent des variantes ou montrent un état sensible encore de fluidité. L'usage flottant de termes significatifs comme mâyâ, prakṛiti, yoga, *etc., donne à penser qu'ils n'étaient pas, à l'époque de la rédaction, à tout le moins pour le milieu où elle s'élabora, rigoureusement stabilisés dans un emploi technique défini*[2]*. Autant de motifs de plus qui interdisent de chercher ici un aménagement calculé de théories antérieurement achevées et ennemies.*

De bonne heure, un vif sentiment de l'instabilité, de la fragilité des choses, inspire à l'âme hindoue des vues de renoncement. Des lignées de Yogins enseignent, en même temps qu'une moralité sévère, les mérites d'une ascèse mesurée, d'une existence détachée de tout calcul terrestre. Pratiques de tendance, volontiers dédaigneuses des rites védiques, elles ne pouvaient manquer de chercher un point d'appui dans des données théoriques. La Bhagavadgîtâ est visiblement sortie de quelqu'une de ces confréries. Elles constituaient les cadres solides de la vie religieuse, lui fournissaient ses éléments les plus actifs, les plus tourmentés de besoins de piété et de méditation. De ce milieu, elle reçut le trésor composite des traditions scolaires. Mais pour que cet héritage s'unifiât, au moins extérieurement, pour qu'il s'individualisât en une secte, il fallait le ressort d'une force propre, comme un pôle de cristallisation.

Partout, mais en Inde plus qu'ailleurs, une secte naît et croît parfaitement sans achever un système original de conceptions qui embrassent tous les problèmes de la conscience religieuse. Une orientation particulière peut suffire. Voyez le Bouddhisme des origines. Il paraît, du fait de son fondateur, avoir bénéficié d'une impulsion personnelle puissante ; il prit vite l'importance d'une véritable religion. Combien, cependant, il proclame peu de théorèmes neufs ! Combien peu il s'appuie sur des spéculations explicites ! Combien, son principe moral posé, il se satisfait souvent avec des énumérations et des formules peu chargées de pensée religieuse originale ! Quelle ne fut pas cependant sa fortune !

Cette force d'une inspiration dominante, ardente et jeune, la Bhagavadgîtâ la possède au plus haut point. Aux différents moyens de salut — que j'ai signalés — auxquels elle se réfère et qu'elle ne se refuse guère à associer, elle en ajoute un : c'est la croyance, la dévotion, l'abandon absolu à Kṛishṇa-Vâsudeva. Sous le titre de Bhagavat, Kṛishṇa est pour elle le Dieu suprême de qui la faveur assure le seul vrai bien — au sentiment de la tradition brâhmanique — l'union totale en l'Être absolu auquel la secte l'identifie. C'est, d'un seul mot, la Bhakti[3].

Cette doctrine a, dans l'Inde, une longue histoire. Depuis l'Épopée jusqu'à nos jours, elle y forme un grand courant ininterrompu, encore que canalisé en bien des branchements. Elle s'est tournée vers des personnalités divines variées. Elle s'est adressée parfois à Çiva ; cependant, dès les origines, ses attaches les plus stables sont avec Nârâyaṇa-Vishṇu et les personnages divins comme Vâsudeva-Kṛishṇa qui se sont fondus dans le cycle vishṇouite. Sur ce thème, des écoles successives brodèrent plus d'une variation légendaire ou théologique ; tels les Pânčarâtras, qui ajustent en combinaisons artificielles des personnages mythiques et des conceptions abstraites. Ce sont fantaisies scolastiques et produits d'un âge plus récent. Notre poème, et ce n'est pas son moindre prix, remonte à une période plus primitive de syncrétisme spontané.

Il n'apporte pas un dogme serti dans des enchaînements rationnels. La Bhakti n'est pas une thèse philosophique ; c'est l'expression passionnée d'un culte personnel ; il ne se propose pas de la démontrer ; il la superpose à une tradition religieuse qui doit lui faire piédestal. À cette piété, tout est bon qui magnifie son objet.

On reconnaît là, précisée en une application définie, une tendance monothéiste qui se fait jour en bien des manières. N'est-ce pas elle qui, ailleurs encore, subordonnant l'Être un et universel lui-même, le Brahman des upanishads, à une notion réputée supérieure, la présente — elle « vingt-sixième » — comme une catégorie suprême par delà le terme le plus élevé de l'échelle sâṃkhya ? qui couronne le yoga athée du personnage aussi honoré qu'illogique d'Îçvara ? N'est-ce pas elle, aussi, qui, pénétrant dans le Bouddhisme, accorde à l'acte de dévotion le plus simple, s'il s'adresse au Seigneur Buddha, une efficacité qui, raisonnablement, devrait être réservée à la pratique héroïque du devoir moral ?

Ce mouvement remonte, je crois, très haut ; de bonne heure, il exerça une action étendue et puissante.

La « philosophie épique » résume, tel que, sous l'action de la classe sacerdotale, il s'opéra, tant avec ses notions héréditaires[4] *qu'avec les essais de la réflexion libre, le mélange ou, pour mieux dire, le tassement de deux nouveautés capitales : le dogme de la transmigration qui avait fini par s'imposer à tous, et une vive poussée de monothéisme qui se lia à l'éclosion, au développement dans la conscience populaire, de divers personnages divins. Elle n'apparaît guère comme un effort de pensée raisonnante. Elle est essentiellement la combinaison, moins organique qu'extérieure et verbale, d'apports d'origines diverses. Les actives communications d'écoles les rapprochaient ; une ardente mysticité s'empressait à en harmoniser les dissonances. L'économie du salut dominait tout. L'orthodoxie sacerdotale, si morcelée dans ses organes, trouvait d'ailleurs satisfaction dans le domaine éminent qui restait acquis à ses traditions, à ses pratiques, à ses privilèges.*

De toute cette spéculation, la Bhagavadgîtâ reflète avec une particulière évidence le caractère composite, les flottements et les imprécisions. Elle s'ordonne à un fait beaucoup plus général, mais elle l'éclaire vivement ; elle nous aide à en saisir le caractère et à en apprécier la portée.

*

La foi des Bhâgavatas est florissante dès le IIe siècle avant notre ère. Plusieurs inscriptions l'attestent ; dans l'une d'elles, un Grec, Héliodore, envoyé d'un roi hellénique du Nord-Ouest, Antialkidas, la confesse ; il lui consacre un monument pieux. On ne peut douter que, à l'heure ou elle se manifestait ainsi, élevait des temples et étendait ses conquêtes à des prosélytes étrangers, elle ne fût loin déjà de ses débuts. Un document comme la Bhagavadgîtâ, où la pensée des Bhâgavatas se présente sous une forme encore très générale, peu systématisée, doit être antérieure à des monuments où le rayonnement de la secte se signale par des édifices importants et une propagande heureuse.

On a tout naturellement essayé d'en préciser la date en se fondant sur des indices directs empruntés au texte. Ces tentatives n'ont mis en lumière aucun argument décisif. Elles s'accordent mal ; elles flottent entre le III*e siècle avant et le* III*e siècle après notre ère. Comment balanceraient-elles des conclusions que paraissent commander des témoignages épigraphiques ? Des deux dates, la plus haute se rapproche seule des vraisemblances.*

La Bhakti a certainement dans l'Inde de très profondes racines. Elle est beaucoup moins un dogme qu'un sentiment ; ce sentiment, toute la suite de l'histoire et de la poésie en atteste la vitalité puissante. Déjà, dans les hymnes védiques, l'enthousiasme pieux éclate en expressions vibrantes de quasi-monothéisme ; le goût passionné de l' « Un » pénètre la plus ancienne métaphysique : les Hindous même âryens, étaient largement préparés à s'incliner devant des unités divines. Les personnalités surhumaines devaient sortir en nombre de la fermentation religieuse que, au-dessous du niveau traditionnel, favorisait, avec les mélanges ethniques, le pullulement des traditions locales et qui poussait au premier plan des figures comme Vishṇu, Kṛishṇa, Çiva, soit entièrement nouvelles, soit renouvelées par leur importance imprévue. Il n'était besoin pour cela d'aucune action étrangère. La notion d'un Dieu personnel conçu sous l'aspect religieux et sans raideur philosophique, sans exclusion expresse de tout un polythéisme subordonné, n'est pas une découverte qui éclate à un certain jour. L'idée essentielle, même si elle ne s'explicite pas, sommeille dans toute âme humaine. Il est aussi vain de chercher dans la bhakti, l'adoration de Kṛishṇa, et dans le prasâda, la faveur du dieu, une influence de la foi et de la pensée chrétiennes, qu'un emprunt au dogme chrétien dans le dieu du Çvetadvîpa.

Tout entière, la Bhagavadgîtâ est un recueil de strophes et de morceaux que la tradition centrale de la secte a groupés autour de son idée maîtresse. Il a dû être d'abord confié à la mémoire. Il se peut assurément que plusieurs vers y aient pris place tardivement. Il n'importe guère : ils n'en ont pu altérer le caractère général. Mais à quelle date précise l'ensemble a-t-il été dérobé par l'écriture à tous les hasards ? C'est ce qu'il est, quant à présent, impossible, je crois, de décider. Tout ce que j'ose dire, c'est que je ne vois pas que l'œuvre se doive ramener plus bas que le III*e* *siècle avant notre ère. Ainsi avait conclu Telang. Si je ne puis m'approprier tous ses considérants, il est juste de se souvenir que, à l'heure ou il écrivait, il n'avait point* *connaissance de ceux qui me paraissent, jusqu'à nouvel ordre, les plus décisifs.*

Je n'oublie pas que l'on a prétendu discerner des étapes successives par lesquelles, après s'être ébranlé peu à peu au-dessus de son rôle primitif de héros guerrier ou de prophète-religieux, le dieu des Bhâgavatas se serait élevé graduellement à son rang souverain et finalement confondu avec l'Âme universelle. En ce qui touche les origines lointaines du personnage de Kṛishṇa, je n'ai pas à décider ici entre les hypothèses. Mais pour ce qui est de cette identification suprême, elle ne saurait s'expliquer par un mouvement progressif ; une pensée réfléchie n'aurait pu manquer d'en sentir le paradoxe. Expression extrême d'un culte exalté, elle exclut, bien plus qu'elle ne l'appelle, l'idée d'une évolution lente. Personne, d'ailleurs, ne conteste sans doute que, bien avant le IIIe *siècle, le monisme des upanishads eût préparé le terrain. Sur le nom de Nârâyaṇa identifié à Purusha, la fusion du Dieu personnel avec l'Être absolu s'était faite de bonne heure. Des passages comme* Çatap. Brâhm., *XIII, 6, 1, 1 ; XII, 3, 4, 11 n'ont de sens que si elle avait été, dès le temps où ils remontent, réellement professée.*

*

Notre poème se place au cœur d'une évolution religieuse dont il synthétise beaucoup d'éléments. Peu d'agencement systématique, mais un syncrétisme pieux dont l'ardeur n'entend rien sacrifier. Médiocrement embarrassé des inconsistances, il s'applique à ne rien abandonner d'un trésor de spéculations qui, si elles s'accordent mal, ne s'opposent pas pour les consciences en thèses incompatibles.

La Bhagavadgîtâ condense ainsi en affirmations hautaines ou développe en images fortes, parfois bizarres, en tout cas ramasse comme en un foyer éclatant, l'essentiel des conceptions où, de bonne heure, le génie religieux de l'Inde s'est hardiment élevé. Que l'enthousiasme de la nouveauté en ait parfois exalté outre mesure la valeur poétique, qu'une illusion indulgente ait estimé trop haut la portée consciente de quelques-uns de ses philosophâmes, il se peut. Elle est, à coup sûr, un miroir très précieux de l'antique « Sagesse des Hindous » ; elle en reflète beaucoup de visions nobles et émouvantes. C'en est assez pour lui mériter, parmi tous ceux qui pensent, des lecteurs attentifs, sympathiques et respectueux.

1. ↑ Il importe peu que plusieurs, appartenant à une époque plus basse, expriment un syncrétisme déjà plus consolidé en thème doctrinal.
2. ↑ Il est, au reste, remarquable que les manuels classiques des systèmes soient relativement assez récents.
3. ↑ Il y a apparence que l'affectation du mot à un culte qui a un « bhagavat » pour objet a été favorisée par la présence dans les deux termes du même support, le verbe *bhaj*.

4. ↑ On reconnaîtra, je pense, de plus en plus, combien de rêveries et de formules traditionnelles, mythiques même, ont réagi sur la réflexion et s'y sont mêlées. C'est ce dont j'ai essayé de dégager un exemple en signalant dans la théorie des trois guṇas un prolongement de la vieille image védique des trois mondes. Il est clair qu'une esquisse moins sommaire que cette notice ne devrait pas manquer de dresser et de suivre — dans la double série ritualiste et mythologique — la liste des notions ou des images (karman, brahman, vidyâ, etc. ; guṇas, purusha, mâyâ, etc.) qui ont joué un rôle plus ou moins actif dans la vieille spéculation.

I

L'ANGOISSE D'ARJUNA

DHṚITARÂSHṬRA dit :

1. Rassemblés dans le champ sacré, le Kurukshetra, par leur impatience de combattre, qu'ont fait, ô Sañjaya, les guerriers, les miens et ceux des Pâṇḍavas ?

SAÑJAYA dit :

2. Voyant l'armée des Pâṇḍavas en ordre de bataille, Duryodhana, le roi, s'approcha de son maître Droṇa et lui tint ce discours :

3. « Regarde, ô maître, cette immense armée des fils de Pâṇḍu, rangée par le fils de Drupada, ton habile élève.

4. Que de héros, de grands archers, émules au combat d'Arjuna et de Bhîma : Yuyudhâna et Kirâṭa et Drupada le grand guerrier ;

5. Dhṛitarâshṭra, Čekitâna et le puissant roi de Kâçi, Purujit, et Kuntibhoja et le mâle chef des Çibis ;

6. Et le vaillant Yudhâmanyu et le puissant Uttamaujas, le fils de Subhadrâ et la lignée de Draupadî, tous grands guerriers !

7. Ceux aussi qui se distinguent parmi les nôtres, connais-les, illustre brâhmane ; ces chefs de mon armée, je vais te dire leurs noms :

8. Toi-même et Bhîshma et Karṇa, et Kṛipa, vainqueurs dans la bataille, Açvatthâman et Vikarṇa et aussi les fils de Somadatta.

9. Bien d’autres héros encore ont engagé leur vie pour ma cause, divers par l’équipement, par les armes, tous habiles au combat.

10. Limitée en nombre, c’est en Bhîshma que notre armée a sa sauvegarde ; leur armée à eux, sous la sauvegarde de Bhîma, est immense.

11. Quelque place que vous occupiez dans les lignes de bataille, ne songez tous qu’à sauver Bhîshma. »

12. Ainsi parla Duryodhana. Pour réveiller en lui la joie, l’ancien des Kurus, l’aïeul vénérable, poussant son formidable cri de guerre, souffla dans sa conque.

13. Aussitôt, conques, gongs, tambours et trompettes retentirent puissamment. Ce fut un fracas énorme.

14. Alors, debout sur leur grand char attelé de chevaux blancs, Mâdhava et le Pâṇḍava[1] soufflaient dans leurs conques divines.

15. Hṛishîkeça soufflait dans la conque Pâñcajanya, Dhanañjaya dans Devadatta et Vṛikodara[2] aux exploits terribles dans la grande conque Pauṇḍra ;

16. Le roi fils de Kuntî, Yudhishṭhira, dans la conque Anantavijaya, Nakula et Sahadeva dans Sughosha et Maṇipushpaka ;

17. Le roi de Kâçi, le meilleur des archers, et Çikhaṇḍin le grand guerrier, Dhṛishṭadyumna et Kirâṭa et l'invincible Sâtyaki ;

18. Drupada et ses fils, ô roi, le fils de Subhadrâ aux grands bras, de tous côtés faisaient résonner chacun sa conque.

19. Ébranlant la terre et le ciel, ce bruit formidable déchira le cœur des amis de Dhṛitarâshṭra.

20. Ils étaient à leur poste de combat ; déjà volaient les traits ; le Pâṇḍava dont l'étendard porte un singe[3], élevant son arc,

21. Adressa, ô roi, ces paroles à Hṛishîkeça : Arrête, ô Ačyuta, mon char entre les deux armées ;

22. Il faut que je considère ces guerriers alignés, impatients de combattre, que je voie avec qui il me faudra lutter dans cette bataille qui se déchaîne.

23. Je veux voir ces combattants qui, réunis là, prétendent soutenir par la force la cause du coupable fils de Dhṛitarâshṭra.

24. À ces mots de Guḍâkeça, Hṛishîkeça arrêta entre les deux armées le char sans pareil.

25. Puis, face à Bhîshma, à Droṇa, à tous les rois : « Vois, dit-il, ô fils de Pṛithâ, les Kurus rassemblés. »

26. Le fils de Pṛithâ aperçut alors, dispersés dans les deux armées, des pères, des petits-fils et des compagnons et des beaux-pères et des amis.

27. Voyant tous ces parents ainsi affrontés pour la lutte, le fils de Kuntî se sentit envahi d'une pitié immense, et, tout troublé, il prononça :

ARJUNA dit :

28. Voici, ô Kṛishṇa, que tous les hommes de ma parenté s'avancent avides d'une lutte fratricide ; à ce spectacle, mes membres défaillent et ma bouche se sèche.

29. Mon corps frissonne et tous mes poils se dressent ; Gâṇḍîva[4] tombe de ma main et ma chair devient brûlante.

30. Je ne puis demeurer en place ; mon esprit se trouble, je n'envisage que présages funestes.

31. Quel bien me promettrais-je à frapper les miens dans la bataille ? À pareil prix, je n'aspire, ô Kṛishṇa, ni à la victoire, ni à la royauté, ni au plaisir.

32. Que nous sont, ô Govinda, la royauté, la richesse, la vie même ?

33. Ceux en vue de qui nous souhaitions la royauté, la richesse et les plaisirs, ils sont là, rangés en bataille, renonçant à la vie et à leurs biens,

34. Maîtres, pères et fils et aïeuls, oncles, beaux-pères, petits-fils, gendres et parents.

35. Je ne saurais, même, sous la menace de leurs coups, me résigner à les frapper, fût-ce pour la royauté des trois mondes ; que dire de la souveraineté de la terre ?

36. Quelle joie resterait-il pour nous, ô Janârdana, quand nous aurions détruit la famille de Dhṛitarâshṭra ? Nous serions la proie du péché si nous frappions de tels adversaires.

37. Nous ne pouvons consentir à frapper les fils de Dhṛitarâshṭra, nos parents. Comment, ayant tué les nôtres, pourrions-nous jamais être heureux, ô Mâdhava ?

38. Même si, aveuglés par la cupidité, ils ne voient pas combien il est coupable de détruire sa propre famille, quel crime c'est de trahir des amis,

39. Comment nous, qui comprenons combien il est coupable de détruire sa famille, ô Janârdana, pourrions-nous ne pas reculer devant pareil péché ?

40. La famille détruite, c'est la fin des devoirs familiaux imprescriptibles ; ruiné le devoir, le désordre envahit la famille tout entière.

41. Sous l'empire du désordre, ô Kṛishṇa, les femmes se corrompent ; la corruption des femmes, ô rejeton de Vṛishṇi, compromet la pureté de la race.

42. Cette confusion, c'est l'enfer, non seulement pour les destructeurs de la famille, mais pour la famille même. Les ancêtres, privés des libations et des sacrifices, tombent aux lieux de tourment.

43. Ainsi, par la faute de ceux qui, attentant à la famille, troublent la pureté de la race, sont renversées les lois éternelles de la caste, de la famille.

44. Les hommes, ô Janârdana, qui n'ont plus de lois de famille, sont irrémédiablement voués à l'enfer ; telle est la loi qui nous a été transmise.

45. En vérité, c'est un grand crime que nous allions commettre quand, par passion de la royauté et des plaisirs, nous nous apprêtions à frapper les nôtres ;

46. Combien ne vaudrait-il pas mieux pour moi être frappé sans défense, sans armes, par le glaive des amis de Dhṛitarâshṭra !

SAÑJAYA dit :

47. Ainsi parla Arjuna en pleine bataille ; et, laissant échapper arc et flèches, il retomba assis dans le char, l'âme étreinte d'angoisse.

1. ↑ Je prends occasion de ce premier passage où paraissent des synonymes de Kṛishṇa et d'Arjuna, pour rassembler la plupart des équivalents par lesquels on les trouvera dans la suite plus ou moins fréquemment désignés. Je note pour Kṛishṇa : Mâdhava, Hṛishîkeça, Ačyuta, Govinda, Janârdana, Madhusûdana (destructeur de Madhu), Keçava, Vârshṇeya, Hari ; pour Arjuna : fils de Kuntî, fils de Pṛithâ, Bhârata, Pâṇḍava, Dhanaṃjaya, Guḍâkeça, sans parler de plusieurs périphrases descriptives.

2. ↑ Autre dénomination de Bhîma.
3. ↑ Arjuna.
4. ↑ Le nom de son arc.

LA SPÉCULATION

SAÑJAYA dit :

1. Le voyant ainsi envahi par la pitié, aveuglé par un flot de larmes, tout hors de lui, Madhusûdana lui tint ce langage :

BHAGAVAT dit :

2. D'où te viennent, ô Arjuna, à l'heure du danger, ces pensées troubles, indignes d'un ârya, ces pensées qui ne mènent ni au ciel, ni à l'honneur ?

3. Pas de lâcheté, ô fils de Pṛithâ ; cela te sied mal ; chasse une défaillance misérable et lève-toi, redoutable guerrier !

ARJUNA dit :

4. Comment lutter, ô vainqueur de Madhu ? Comment diriger mes flèches contre Bhîshma, contre Droṇa, ces hommes, ô héros vainqueur, à qui je dois tous les respects ?

5. Plutôt qu'attenter à la vie de maîtres vénérables, mieux vaudrait vivre ici-bas d'aumônes. À frapper des maîtres, même coupables de désirs cupides, ma nourriture, dès cette terre, serait souillée de sang.

6. Et nous ne savons ce qu'il nous faut plus redouter de les vaincre ou d'être vaincus par eux. Ces fils de Dhṛitarâshṭra alignés devant nous, en les frappant, nous perdrions tout motif de désirer vivre.

7. Pitié et scrupule paralysent mes instincts de guerrier ; mon esprit troublé discerne mal le devoir ; je m'adresse à toi ; dis-moi nettement ce qui est bien ; je suis ton disciple ; instruis-moi ; je me réfugie en toi !

8. Car je ne vois rien qui puisse dissiper l'angoisse qui anéantit mes forces, dussé-je obtenir la souveraineté prospère, incontestée de la terre, voire le rang de maître des dieux.

SAÑJAYA dit :

9. Quand il eut ainsi parlé à Hṛishîkeça, quand il eut déclaré à Govinda qu'il ne combattrait pas, Guḍâkeça, le héros terrible, garda le silence.

10. Hṛishîkeça, ô Bhârata, répondit avec un sourire au héros qui se désolait ainsi entre les deux armées.

BHAGAVAT dit :

11. Tu t'apitoies là où la pitié n'a que faire, et tu prétends parler raison ! Mais les sages ne s'apitoient ni sur qui meurt ni sur qui vit.

12. Jamais temps où nous n'ayons existé, moi comme toi, comme tous ces princes ; jamais, dans l'avenir ne viendra le jour où les uns et les autres nous n'existions pas.

13. L'âme, dans son corps présent, traverse l'enfance, la jeunesse, la vieillesse : après celui-ci elle revêtira de même d'autres corps. Le sage ne s'y trompe pas.

14. Les impressions des sens, ô fils de Kuntî, chaud et froid, plaisir et peine, vont et viennent, elles sont fugitives ; il n'est, ô Bhârata, que de les supporter.

15. Car l'homme qu'elles ne troublent pas, ô Taureau des hommes, l'homme ferme, indifférent au plaisir et à la peine, celui-là est mûr pour l'immortalité.

16. Pas d'existence pour le néant, pas de destruction pour l'être. De l'un à l'autre, le philosophe sait que la barrière est infranchissable.

17. Indestructible, sache-le, est la trame de cet univers ; c'est l'Impérissable ; la détruire n'est au pouvoir de personne.

18. Les corps finissent ; l'âme qui s'y enveloppe est éternelle, indestructible, infinie. Combats donc, ô Bhârata !

19. Croire que l'un tue, penser que l'autre est tué, c'est également se tromper ; ni l'un ne tue, ni l'autre n'est tué.

20. Jamais de naissance, jamais de mort ; personne n’a commencé, ni ne cessera d’être ; sans commencement et sans fin, éternel, l’Ancien[1] n’est pas frappé quand le corps est frappé.

21. Celui qui le connaît pour indestructible, éternel, sans commencement et impérissable, comment cet homme, ô fils de Pṛithâ, peut-il imaginer qu’il fait tuer, qu’il tue ?

22. Comme un homme dépouille des vêtements usés pour en prendre de neufs, ainsi l’âme, dépouillant ses corps usés, s’unit à d’autres, nouveaux.

23. Le fer ne la blesse pas plus que le feu ne la brûle, ni l’eau ne la mouille, ni le vent ne la dessèche.

24. Elle ne peut être ni blessée, ni brûlée, ni mouillée, ni desséchée ; permanente, pénétrant tout, stable, inébranlable, elle est éternelle.

25. Insaisissable aux sens, elle ne peut être imaginée et n’est sujette à aucun changement. La connaissant telle, tu ne saurais concevoir aucune pitié.

26. Que si, même, tu pensais qu’elle naît ou meurt indéfiniment, même alors tu ne devrais concevoir aucune pitié pour elle.

27. Car ce qui est né est assuré de mourir et ce qui est mort, sûr de naître ; en face de l’inéluctable, il n’y a pas de place pour la pitié.

28. Les êtres, ô Bhârâta, nous échappent dans leur origine ; perceptibles au cours de leur carrière, ils nous

échappent de nouveau dans leur fin. Qu'y peuvent les lamentations ?

29. C'est merveille que personne la[2] découvre ; merveille aussi que quelqu'un l'enseigne, merveille qu'un autre en entende la révélation ; et, même après avoir entendu, personne ne la connaît.

30. Dans tout corps, cette âme, ô Bhârata, demeure, éternellement intangible ; renonce donc à t'apitoyer sur l'universelle destinée.

31. Considère aussi ton devoir personnel et tu ne reculeras pas ; car rien pour le Kshatriya ne passe avant un combat légitime.

32. D'où qu'il lui soit offert, il ouvre pour lui la porte du ciel ; trop heureux sont les Kshatriyas, ô fils de Pṛithâ, d'accepter un pareil combat.

33. Te refuser à cette lutte légitime, ce serait forfaire à ton devoir, à l'honneur et tomber dans le péché.

34. L'univers racontera ton irréparable honte ; la honte est pour l'homme d'honneur pire que la mort.

35. Les guerriers penseront que c'est par peur que tu as esquivé la bataille ; et de ceux dont tu avais l'estime, tu encourras le mépris.

36. Tes ennemis tiendront sur ton compte mille propos insultants ; ils contesteront ta vaillance. Quel malheur plus cruel ?

37. Mort, tu iras au ciel ; ou vainqueur, tu gouverneras la terre. Relève-toi, ô fils de Kuntî, résolu à combattre.

38. Considère que plaisir ou souffrance, richesse ou misère, victoire ou défaite se valent. Apprête-toi donc au combat ; de la sorte, tu éviteras le péché.

39. Je t'ai exposé la doctrine dans l'ordre du sâṃkhya : écoute-la maintenant dans l'ordre du yoga[3], et à quelle doctrine il te faut t'attacher, ô fils de Pṛithâ, pour t'affranchir des chaînes du Karman.

40. Dans cette voie, aucune peine n'est perdue ; point de retour en arrière ; un peu, si peu que ce soit, de cette pratique protège de beaucoup de souffrance.

41. Ici, ô fils de Kuru, une doctrine unique sûre d'elle-même ; diverses à l'infini sont les doctrines des hommes que ne soutient pas la certitude.

42. Il est une parole fleurie, ô fils de Pṛithâ, que proclament ceux qui n'ont pas la sagesse, ces hommes qui, attachés à la lettre du veda, professent qu'il ne faut s'embarrasser de rien d'autre.

43. Esclaves du désir, qui ne voient que les joies paradisiaques[4] ! Elle ne produit que la renaissance comme résultat du Karman, se perd dans les complications de la liturgie, ne vise que les jouissances sensibles et les pouvoirs magiques.

44. Fascinés par les jouissances sensibles et les pouvoirs magiques, les hommes dont l'esprit est égaré par elle, ne

sauraient réaliser dans la contemplation la vérité sûre d'elle-même.

45. C'est le domaine sensible des trois guṇas[5] qui est l'objet des vedas ; affranchis-toi, ô Arjuna, du domaine des trois guṇas ; demeure supérieur à toutes les sensations, de volonté inébranlable, indifférent à la richesse, maître de toi.

46. Un réservoir est abondant où l'eau afflue de tous les côtés ; de même un brâhmane éclairé fait son profit de tous les vedas.

47. Ne te préoccupe que de l'acte, jamais de ses fruits. N'agis pas en vue des fruits de l'acte ; ne te laisse pas non plus séduire par l'inaction.

48. N'agis qu'en disciple fidèle du yoga, en dépouillant tout attachement, ô Dhanañjaya, en restant indifférent au succès ou à l'insuccès : le yoga est indifférence.

49. Car l'acte, ô Dhanañjaya, est inférieur infiniment au détachement intérieur ; c'est dans la pensée qu'il faut chercher le refuge. Ils sont à plaindre ceux qui ont le fruit pour mobile.

50. Pour qui réalise le détachement intérieur, il n'est plus, ici-bas, ni bien ni mal. Efforce-toi donc au yoga ; le yoga est, dans les actes, la perfection.

51. Car les sages, qui ont réalisé le détachement intérieur, esquivant le fruit qui naît des actes, libérés des liens de la renaissance, vont au séjour bienheureux.

52. Quand ta pensée aura traversé les ténèbres de l'erreur, tu n'éprouveras que dégoût pour tout ce que t'aura

enseigné, tout ce que pourrait t'enseigner la révélation[6].

53. Quand, détachée de la révélation, ta pensée sera fixée, stable, inébranlable dans la contemplation, alors, tu seras en possession du yoga.

ARJUNA dit :

54. Quand dit-on, ô Keçava, qu'un homme est en possession de la sagesse, qu'il a atteint la contemplation ? Celui qui est en possession de la lumière, comment parle-t-il ? Comment s'asseoit-il ? Comment marche-t-il ?

BHAGAVAT dit :

55. Quand l'homme s'affranchit, fils de Pṛithâ, de tous les désirs qui hantent l'esprit, qu'il trouve sa satisfaction en soi et par soi, on dit qu'il est en possession de la sagesse.

56. Sans trouble dans la souffrance, sans attrait pour le plaisir, libre d'attachement, de colère et de crainte, l'ascète est en possession de la lumière.

57. Celui qui ne ressent aucune inclination, qui, d'aucun bien ni d'aucun mal, ne conçoit ni joie ni révolte, celui-là est en possession de la sagesse.

58. Et lorsque, telle la tortue rentrant complètement ses membres, il isole ses sens des objets sensibles, la sagesse en lui est vraiment solide.

59. Les objets des sens disparaissent pour l'âme qui n'en fait pas son aliment ; la sensibilité reste. À son tour, elle

disparaît pour qui a reconnu l'absolu.

60. Malgré ses efforts, ô fils de Kuntî, même chez le sage, les sens toujours tyranniques agissent violemment sur l'esprit.

61. Il faut, les contenant tous, se concentrer, se fixer uniquement sur son moi. Car qui tient ses sens sous son pouvoir, chez celui-là la sagesse est vraiment solide.

62. Si l'homme s'attarde à considérer les objets des sens, l'attrait s'éveille en lui ; de l'attrait sort le désir ; du désir naît la colère.

63. La colère produit l'égarement ; l'égarement, la défaillance de la raison ; la défaillance de la raison, le naufrage de la pensée. C'est la perte de l'homme.

64. Mais qui traverse le monde extérieur avec des sens affranchis d'attachement et de haine, dociles à sa volonté, celui-là, l'âme disciplinée, aborde à la paix.

65. Dans la paix, il trouve la fin de toutes les souffrances, car, dans l'esprit pacifié, bien vite la vérité s'établit.

66. Pas de vérité sans yoga ; sans yoga pas de méditation ; mais pour qui ne médite pas, point de repos ; à qui n'a point le repos d'où viendrait le bonheur ?

67. De l'esprit qui leur obéit, le tumulte des sens emporte la sagesse comme la tempête un vaisseau sur l'océan.

68. Celui, ô guerrier aux grands bras, de qui les sens sont parfaitement dégagés des objets sensibles, chez celui-là, au contraire, la sagesse est solide.

69. Ce qui est la nuit pour tous les êtres est, pour l'homme maître de ses sens, le temps de l'éveil ; ce qui aux autres êtres est la veille, est la nuit pour l'ascète qui voit.

70. Comme l'océan où affluent les eaux, tout en s'en remplissant, garde un équilibre immuable, de même celui en qui affluent tous les désirs peut conserver le repos, non pas celui qui cède à l'attrait du désir.

71. L'homme qui, chassant tout désir, vit sans passion, sans poursuites personnelles, sans égoïsme, celui-là entre dans le repos.

72. C'est là, ô fils de Pṛithâ, s'établir en Brahman ; à ce point, plus d'incertitude ; qui y est parvenu, fût-ce à la dernière heure, atteint la délivrance en Brahman.

1. ↑ L'Âme. Ce n'est pas le lieu d'entrer dans le détail des motifs qui ont favorisé cette dénomination.
2. ↑ « L'âme. » On sent ici combien est souvent faible et gauche la liaison entre les vers.
3. ↑ Si j'ai maintenu dans la traduction les termes *sâṃkhya* et *yoga*, je tiens à prévenir tout malentendu. Ils ne visent pas, au sens étroit, les deux systèmes dont ils sont la dénomination technique. Comme plus bas, III, 3, c'est, d'une façon plus générale, le point de vue théorique et le point de vue pratique qui sont ici opposés : *sâṃkhya* vise la spéculation, et *yoga* ne se restreint pas au code de discipline physique et morale qui prétend régler les méthodes du détachement, de l'extase, de l'ascension aux pouvoirs magiques. *Yoga* signifie d'abord *effort, effort moral*, et la Gîtâ l'emploie avec une large liberté et beaucoup de nuances.
4. ↑ Le svarga, c'est-à-dire le séjour temporaire des dieux subalternes.

5. ↑ Les trois « guṇas », c'est-à-dire tout l'ensemble du monde sensible et vivant qu'embrasse la *prakṛiti* (l'universalité des choses sensibles), laquelle est représentée comme constituée par trois éléments *sattva, rajas* et *lamas,* auxquels la suite va nous ramener.
6. ↑ « Révélation » est une traduction commode, mais qui, pour être exactement entendue, réclamerait quelque commentaire. Il s'agit de la « çruti » (ce qui a été entendu…). Le mot embrasse dans l'Inde les textes anciens et sacrés (tels les hymnes du veda qui passent pour avoir été « entendus » par les sages antiques favorisés d'une inspiration surhumaine) et s'oppose à la « smṛiti » (« ce dont on se souvient »), la « tradition ».

L’ACTION

ARJUNA dit :

1. Si, ô Janârdana, tu juges la pensée supérieure à l’action, pourquoi, alors, ô Keçava, me pousses-tu à des actes terribles ?

2. Ton discours, comme mêlé de vues contraires, jette mon esprit dans la perplexité ; énonce enfin une affirmation précise qui me montre la voie meilleure.

BHAGAVAT dit :

3. Il y a en ce monde, héros sans tache, je te l’ai dit déjà, deux attitudes : celle des penseurs qui repose sur l’effort de l’esprit, celle des ascètes sur l’effort pratique.

4. Il ne suffit pas de s’abstenir d’action pour se libérer de l’acte ; l’inaction seule ne mène pas à la perfection.

5. Jamais personne ne saurait un seul instant demeurer entièrement inactif ; malgré qu’il en ait, du fait des guṇas issus de la prakṛiti[1], chacun est condamné à l’action.

6. Il a beau brider l’activité de ses sens, demeurer coi, celui dont l’âme est troublée par l’évocation des objets

sensibles, cet homme est dans la voie de l'erreur.

7. Celui-là l'emporte qui, dominant ses sens par l'esprit, pleinement détaché, leur impose un effort discipliné.

8. Accomplis les actes prescrits ; l'activité est supérieure à l'inaction ; faute d'agir, la vie physique elle-même s'arrêterait en toi.

9. Hors ceux qui ont pour objet le sacrifice, les actes sont le lien qui enchaîne le monde ; n'agis donc, ô fils de Kuntî, qu'en dépouillant tout attachement.

10. Jadis, après avoir, avec les créatures, produit le sacrifice, Prajâpati[2] prononça : C'est par celui-ci que vous vous propagerez ; qu'il vous donne tout ce que vous désirerez[3].

11. Par lui, satisfaites aux dieux et que les dieux vous satisfassent ; grâce à cette réciprocité, vous atteindrez le bien suprême.

12. Satisfaits par le sacrifice, les dieux vous donneront les jouissances que vous souhaiterez. Qui jouit de leurs dons sans leur rien donner, celui-là n'est qu'un voleur.

13. Les gens de bien qui se nourrissent des reliefs du sacrifice sont libres de toute souillure ; mais ceux-là sont des pécheurs et se nourrissent de péché qui cuisent des aliments à leur usage.

14. C'est dans la nourriture que les êtres ont leur origine ; la nourriture dans la pluie, la pluie dans le sacrifice ; il n'est pas de sacrifice sans actes rituels.

15. Quant à l'acte rituel, sache qu'il est issu de Brahman, Brahman de l'Impérissable. Le Brahman qui pénètre tout a donc dans le sacrifice son fondement éternel[4].

16. Ainsi évolue le cercle ; celui qui, ici-bas, n'en suit pas le rythme, celui-là, ô fils de Pṛithâ, impie, esclave de ses sens, perd sa vie.

17. Mais le mortel qui ne cherche sa joie qu'en l'âme, qui se satisfait en l'âme et qui, en l'âme et en l'âme seule se rassasie pleinement, celui-là n'a rien à accomplir.

18. Nul intérêt pour lui à rien faire ; à rien éviter ; de tous les êtres, aucun ne saurait être pour lui un objet d'intérêt.

19. Exécute donc toujours dans un esprit de détachement les actes qu'il faut accomplir ; car l'homme qui agit en complet détachement atteint le but suprême.

20. C'est par les actes du sacrifice que Janaka et tant d'autres se sont efforcés vers la perfection. Agis, toi aussi, uniquement pour le bien du monde.

21. Tout ce que fait le chef, les autres hommes l'imitent ; la règle qu'il observe, le monde la suit.

22. Il n'est, ô fils de Pṛithâ, dans les trois mondes, rien que je sois tenu de faire, rien qui me manque, rien que j'aie à acquérir, et, cependant, je demeure en action.

23. Si je n'étais pas toujours infatigablement en action, de toutes parts, les hommes, ô fils de Pṛithâ, suivraient mon exemple.

24. Les mondes cesseraient d'exister si je n'accomplissais pas mon œuvre ; je serais la cause de l'universelle confusion et de la fin des créatures.

25. Les ignorants agissent par attachement à l'acte ; que le sage agisse, lui aussi, mais en dehors de tout attachement et seulement pour le bien du monde.

26. Que le sage évite de jeter le trouble dans l'âme des ignorants que mène l'attrait des actes ; qu'il encourage toute activité en se comportant, lui qui sait, en adepte du yoga.

27. Les actes procèdent uniquement des guṇas du monde sensible. Si l'homme imagine en être l'agent, c'est qu'il est égaré par la conscience personnelle.

28. Mais celui, ô guerrier aux longs bras, qui connaît la vérité sur la double série des guṇas et des actes, sait que ce sont toujours les guṇas opérant sur les guṇas, et il demeure détaché[5].

29. C'est parce qu'ils sont égarés par les guṇas du monde sensible que les hommes s'attachent aux actes, ouvrage des guṇas. Il ne faut pas que celui qui sait toute la vérité jette dans le trouble les esprits lents, aux lumières imparfaites.

30. Rapportant à moi toute action, l'esprit replié sur soi, affranchi d'espérance et de vues intéressées, combats sans t'enfiévrer de scrupules.

31. Voilà mon enseignement : les mortels qui s'y conforment toujours avec foi et sans murmure sont, eux aussi, affranchis des actes.

32. Quant à ceux qui murmurent contre ma doctrine, qui ne s'y conforment pas, sache que ce sont des insensés à qui toute connaissance échappe ; ils sont perdus.

33. Mais chacun, fût-ce le plus instruit, se comporte conformément à sa nature ; tous les êtres suivent leur nature. Qu'y pourraient les remontrances ?

34. Toute impression d'un sens, quel qu'il soit, réagit en désir ou en aversion ; il faut échapper à l'empire de l'un et de l'autre ; ce sont nos ennemis.

35. Mieux vaut accomplir, fût-ce imparfaitement, son devoir propre que remplir, même parfaitement, le devoir d'une autre condition ; plutôt périr en persévérant dans son devoir ; assumer le devoir d'une autre condition n'apporte que malheur.

ARJUNA dit :

36. Sous quelle impulsion l'homme s'engage-t-il, malgré qu'il en ait, dans le péché, ô Vârshṇeya, comme entraîné de force ?

BHAGAVAT dit :

37. C'est cet attrait, c'est cette aversion, nés, l'un et l'autre, du guṇa *rajas*, qui est le grand Vorace, le grand Méchant[6] ; sache que là est, ici-bas, l'ennemi.

38. Comme le feu est masqué par la fumée, le miroir par des taches, le fœtus par des membranes, ainsi tout cet

univers est enveloppé par lui.

39. La vérité est masquée par cet éternel ennemi du sage qui, sous la forme du désir, ô fils de Kuntî, est un feu insatiable.

40. Il a son siège dans les sens, la perception, la pensée ; c'est par eux que, masquant la vérité, il égare l'esprit.

41. Commence donc, ô héros des Bhâratas, par brider tes sens, pour frapper ce Méchant, destructeur de la vérité et de l'intelligence.

42. On place haut les sens ; au-dessus des sens est le *manas*, le centre psychique ; au-dessus du manas, la pensée (*buddhi*), au-dessus de la pensée, Lui[7].

43. Connaissant Celui qui est au-dessus de la pensée, affermis-toi dans ta force intérieure et frappe, ô guerrier aux longs bras, cet ennemi redoutable qu'est le désir.

1. ↑ La « prakṛiti », on l'a vu, embrasse tout le monde sensible et vivant, le monde de l'activité, tout, en dehors du « purusha », de l'âme, conçue comme essentiellement passive.
2. ↑ Le démiurge.
3. ↑ Littéralement : « qu'il soit pour vous la vache des désirs », la vache du conte qui donnait à son maître tout ce qu'il pouvait souhaiter.
4. ↑ J'ai signalé dans l'introduction, ce rapprochement, sous le même nom de « brahman », du sacrifice et de l'âme universelle.
5. ↑ D'après la théorie, l'activité humaine relève de la prakṛiti, non moins que les choses sensibles ; par leur origine comme par leur objet, les actes

sont donc entièrement du domaine de la prakṛiti.

6. ↑ Notion semi-mythologique semi-symbolique de « Pâpman », le mal ou le péché personnifié, celui qui, dans la légende bouddhique, paraît dans le rôle de Mâra Pâpman, « Mâra le Méchant ».
7. ↑ L’Esprit suprême.

IV

LA CONNAISSANCE ET L'ACTION

BHAGAVAT dit :

1. Ce yoga impérissable, je l'ai, moi, enseigné à Vivasvat[1] ; Vivasvat le communiqua à Manu et Manu le transmit à Ikṣhvâku.

2. C'est par cette tradition que l'ont connu les rois-ṛishîs ; mais, avec le temps, ce yoga, ô héros terrible, disparut ici-bas.

3. C'est ce même antique yoga que je t'ai aujourd'hui enseigné ; je t'ai traité en fidèle et en ami ; car c'est le mystère suprême.

ARJUNA dit :

4. Ta naissance est récente ; la naissance de Vivasvat se place par delà le temps. Comment comprendre que tu aies pu enseigner à l'origine ?

BHAGAVAT dit :

5. Nombreuses sont les existences que j'ai traversées, ô Arjuna, et nombreuses aussi les tiennes ; moi, je les connais toutes, ô héros, mais non pas toi.

6. Encore que je sois l'Âme sans commencement, impérissable, encore que je sois le Seigneur des êtres, je nais par mon pouvoir, en vertu de ma nature propre,

7. Toutes les fois que l'ordre chancelle, que le désordre se dresse, je me produis moi-même.

8. D'âge en âge, je nais pour la protection des bons et la perte des méchants, pour le triomphe de l'ordre.

9. Ma naissance, comme mon œuvre, est divine. Qui sait cela en vérité, quand il dépouille son corps mortel, ne va pas à une nouvelle naissance, c'est à moi qu'il vient, ô Arjuna.

10. Affranchis de la passion, de la crainte et de la colère, identifiés à moi, purifiés au feu de la connaissance, beaucoup se sont fondus en mon être.

11. À chacun je fais sa part, dans la mesure où il tend vers moi ; mais de toutes façons, ô fils de Pṛithâ, c'est dans ma voie que cheminent les hommes.

12. Ceux qui recherchent le succès dans l'action sacrifient ici-bas aux dieux ; car le succès que procurent les rites se produit immédiatement dans le monde des hommes.

13. J'ai créé la division en quatre classes que distinguent le guṇa et les devoirs qui lui sont propres. J'en suis l'auteur ; sache pourtant que je suis inagissant, immuable.

14. Les actes ne m'atteignent pas ; en moi nul désir du fruit des actes ; qui me connaît tel échappe aux chaînes de l'action.

15. Ils savaient cela, les anciens, avides de délivrance, et ils ont agi ; agis donc, toi aussi, comme ont fait jadis les anciens.

16. Qu'est l'action ? Qu'est l'inaction ? Les plus sages, là-dessus, s'égarent. Je t'enseignerai donc ce qu'est l'action pour que, le sachant, tu sois libéré du mal.

17. Car il faut être au fait de l'action, au fait de l'action dévoyée, au fait de l'inaction. Les sentiers de l'action sont mystérieux.

18. Celui qui sait voir l'inaction dans l'action et l'action dans l'inaction, celui-là est sage entre les hommes ; tout en agissant sans restriction, il reste fidèle au yoga.

19. Celui qui, quoi qu'il fasse, n'obéit jamais au désir ni à un calcul d'espérance, les gens sensés le considèrent comme un sage dont les actions sont brûlées au feu de la connaissance.

20. Indifférent au fruit de l'action, toujours satisfait, libre de toute attache, si affairé qu'il puisse être, en réalité il n'agit pas.

21. Sans désir, l'esprit dompté, ayant renoncé à rien posséder, n'accomplissant que matériellement les actes, il ne contracte aucune souillure.

22. Satisfait de ce que le hasard lui apporte, également supérieur à toutes les perceptions, libre de tout égoïsme,

indifférent au succès ou à l'insuccès, même en agissant il n'est point lié.

23. Pour qui, affranchi de tout attachement, délivré, la pensée solidement assise dans la vérité, s'emploie aux œuvres du sacrifice, toute activité se dissout en néant.

24. L'instrument du sacrifice est Brahman ; l'offrande est Brahman ; c'est par Brahman qu'est faite l'oblation dans le feu qui, lui-même, est Brahman. Il ne peut aller qu'en Brahman, celui qui voit ainsi Brahman dans l'acte liturgique.

25. Des yogins, plusieurs n'envisagent comme objet du sacrifice que les dieux ; d'aucuns, par le sacrifice même, sacrifient à Brahman, identique au feu.

26. D'autres sacrifient l'ouïe et tous les sens dans le feu du renoncement ; d'autres les objets sensibles, son, etc., dans les feux des sens.

27. D'autres sacrifient toutes les opérations des sens et toutes les opérations du souffle vital dans le feu du yoga, du renoncement intérieur, allumé par la connaissance.

28. Des ascètes aux observances rigoureuses, les uns pratiquent le sacrifice de la pauvreté ou le sacrifice de l'austérité, d'autres le sacrifice du yoga, d'autres encore le sacrifice de l'étude et de la science.

29. D'aucuns sacrifient le souffle expiré dans le souffle inspiré, d'autres le souffle inspiré dans le souffle expiré, interrompant le cours de l'un et de l'autre et appliqués uniquement à l'exercice des souffles.

30. D'autres, restreignant leur nourriture, sacrifient les souffles dans les souffles. Et tous ils ont la notion vraie du sacrifice et, par le sacrifice, effacent leurs souillures.

31. Ceux qui se nourrissent de cette ambroisie que sont les restes du sacrifice vont au Brahman éternel. À qui ne sacrifie pas, ce monde ne saurait appartenir ; combien moins encore l'autre monde, ô le meilleur des Kurus ?

32. Ainsi sont de bien des sortes les sacrifices destinés à la bouche de Brahman. Mais tous impliquent action. Si tu entends cela, tu atteindras la délivrance.

33. Supérieur à tout sacrifice matériel est le sacrifice en esprit, ô héros terrible. En la connaissance se résolvent, ô fils de Pṛithâ, tous les actes du sacrifice.

34. Acquiers-la à force de soumission[2], d'application studieuse, de services respectueux ; tu la recevras des maîtres de la connaissance qui savent la vérité.

35. Quand tu la posséderas, ô Pâṇḍava, tu ne tomberas plus, comme tu as fait, dans l'erreur ; par elle, tu verras tous les êtres sans exception en toi-même, puis en moi.

36. Et aussi, fusses-tu de tous les pécheurs le plus grand, porté par la connaissance comme par un vaisseau, tu traverseras tout l'océan du mal.

37. Un feu flambant réduit le bois en cendres, ô Arjuna ; ainsi le feu de la connaissance réduit en cendres tous les actes.

38. Rien, ici-bas, ne purifie comme la connaissance ; de lui-même, avec le temps, l'adepte parfait du yoga la

découvre en soi.

39. Le croyant acquiert la connaissance, qui, uniquement tendu vers elle, a dompté ses sens ; maître de la connaissance, il atteint bientôt le repos suprême.

40. Il est perdu celui qui, n'ayant ni la connaissance ni la foi, est livré au doute ; ni ce monde ni l'autre, ni le bonheur n'est le lot de l'homme livré au doute.

41. Celui qui par le yoga s'est libéré de l'action, qui par la connaissance a tranché le doute, cet homme, maître de soi, ô Dhanañjaya, les actes ne sauraient l'enchaîner.

42. Tranche donc, armé de la vérité, ce doute né de l'ignorance que tu portes au cœur ; élève-toi au yoga ; ô Bhârata, redresse-toi !

1. ↑ Le Soleil ou un héros dérivé de lui.
2. ↑ À l'égard du maître, du « guru ».

LE RENONCEMENT

ARJUNA dit :

1. Tu loues, ô Kṛishṇa, le renoncement qui supprime l'action et, en même temps, tu loues le yoga qui est effort ; des deux lequel enfin est le meilleur ? Dis-le moi nettement.

BHAGAVAT dit :

2. Renoncement et yoga, l'un et l'autre mènent au salut ; entre les deux, cependant, la pratique du yoga vaut mieux que le renoncement à l'action.

3. Il faut reconnaître pour parfaitement détaché celui qui ne hait ni ne désire ; insensible aux perceptions de toute nature, ô guerrier aux grands bras, il s'affranchit aisément de tout lien.

4. Seuls les esprits bornés opposent sâṃkhya et yoga, mais non les sages[1]. Qui est vraiment maître de l'un est assuré du fruit des deux.

5. Le but que touchent les adeptes du sâṃkhya est également atteint par ceux du yoga. Sâṃkhya et yoga ne sont qu'un ; qui reconnaît cela, voit juste.

6. Mais, en dehors du yoga, le détachement, ô guerrier aux grands bras, est malaisé à obtenir ; voué au yoga, l'ascète rapidement atteint Brahman.

7. Celui qui, voué au yoga, est pur, maître de soi, tient ses sens soumis, pour qui son âme se confond avec l'âme de tous les êtres, même s'il agit, n'est pas souillé.

8. L'adepte du yoga est fondé, en vérité, à estimer qu'il n'agit pas. Qu'il voie, qu'il entende, qu'il touche, qu'il sente, qu'il mange, qu'il marche, qu'il dorme, qu'il respire,

9. Qu'il parle, qu'il lâche ou qu'il appréhende, qu'il ouvre ou ferme les yeux : tout cela, ce sont pour lui les sens réagissant au contact des objets sensibles.

10. Celui qui, fondant en Brahman[2] tous les actes, agit en plein détachement, le péché ne s'attache pas à lui plus que l'eau à la feuille du lotus.

11. Le corps, le sens interne[3], l'esprit, les sens mêmes ainsi parfaitement dégagés, les yogins, agissant en dehors de tout attachement, travaillent à leur purification intérieure.

12. Celui qui pratique le yoga s'affranchit du fruit des actes et atteint la paix stable ; celui qui ne le pratique pas, attaché au fruit sous la poussée du désir, demeure lié.

13. Libérée en esprit de tous actes, l'âme est heureuse, maîtresse dans sa forteresse aux neuf portes[4], n'agissant ni ne provoquant l'action.

14. Ni l'activité, ni les actes ne procèdent du Seigneur du monde, ni le lien qui attache le fruit aux actes ; cela, c'est le

domaine de la nature individuelle[5].

15. Ni péché, ni bonne œuvre n'atteint le Seigneur ; mais l'ignorance voile la vérité ; d'où l'erreur des créatures.

16. Pour ceux en qui cette ignorance est détruite par la connaissance de l'âtman[6], la science révèle, claire comme le soleil, cette Entité suprême.

17. L'esprit plein d'elle, identifiés à elle, appuyés sur elle, réfugiés en elle, ceux qui, par la connaissance, ont effacé leurs fautes, s'affranchissent de nouveaux retours.

18. Le brâhmane le plus savant et le plus vertueux, un bœuf ou un éléphant, un chien ou un mangeur de chien, c'est tout un aux yeux du sage.

19. C'en est fait de tout retour en ce monde pour ceux dont l'esprit est fixé dans l'impassibilité parfaite ; Brahman est sans tache, impassible ; ils sont donc fixés en Brahman.

20. Le plaisir ne le réjouit pas plus que la souffrance ne l'afflige ; il a l'âme toujours égale, jamais troublée, celui qui connaît Brahman, qui est fixé en Brahman.

21. Insensible aux impressions du dehors, c'est en soi qu'il trouve le bonheur ; intimement uni à Brahman, il goûte un bonheur indestructible.

22. C'est que les jouissances que donnent les sensations ne sont qu'une source de souffrance, elles sont fugitives, ô fils de Kuntî. Le sage n'y cherche pas de joie.

23. Celui qui, ici-bas, n'étant pas encore libéré du corps, est capable de résister aux mouvements que provoque le

désir ou la colère, celui-là est un homme intérieur, c'est un homme heureux.

24. Celui qui ne trouve de bonheur, de joie, de lumière qu'au dedans, le yôgin identifié avec Brahman atteint la paix en Brahman.

25. Ils conquièrent la paix en Brahman les rishis purifiés de toute souillure, qui, ayant terrassé le doute, se sont domptés eux-mêmes et ne se passionnent que pour le bien de tous les êtres.

26. Les ascètes qui, l'esprit dompté, libres de désir et d'aversion, se connaissent eux-mêmes, ont devant eux la paix en Brahman.

27. Celui qui se ferme aux sensations du dehors, qui ramène tout son pouvoir visuel entre ses sourcils, qui maintient en équilibre les deux souffles, respiration et inspiration, auxquels le nez livre passage,

28. Le sage qui, dompté dans ses sens, dans sa conscience et dans sa pensée, uniquement tendu vers la délivrance, est toujours libre de désir, de crainte ou de colère, celui-là vraiment est affranchi.

29. Me reconnaissant pour l'objet du sacrifice et de l'ascèse, pour le Seigneur souverain de l'univers, l'ami de tous les êtres, il atteint le repos.

1. ↑ Sans entrer ici dans des détails qui seraient hors de place je ne puis me défendre de souligner combien ce vers condamne l'interprétation par laquelle on a, de divers passages analogues, prétendu conclure que « sâṃkhya » et « yoga » seraient ici deux systèmes fondus dans une même orientation spéculative. Rien de pareil ; ce sont deux voies, l'une intellectuelle, l'autre pratique, donc parfaitement distinctes, mais qui sont données comme convergeant vers un but commun, la délivrance ou le salut.
2. ↑ C'est-à-dire pour qui les actes n'ont rien de personnel, mais, du fait de son détachement parfait, retombent dans l'indétermination de l'universel Brahman.
3. ↑ Le *manas* est conçu comme un organe central de perception qui se superpose aux cinq sens.
4. ↑ Le corps avec ses neuf ouvertures, les yeux, etc.
5. ↑ Donc de la « prakṛiti », n'étant pas du « purusha ».
6. ↑ L'âme, soit individuelle soit universelle.

VI

LA CONTEMPLATION

BHAGAVAT dit :

1. Celui qui, sans se soucier du fruit des actes, accomplit les actes prescrits, c'est celui-là, non celui qui néglige le feu sacré et les rites, qui est vraiment un détaché, un yogin.

2. Ce qu'on appelle renoncement n'est, sache-le bien, ô Pândava, rien autre que le yoga ; car on ne peut être un yogin sans avoir renoncé au désir.

3. Pour s'élever au yoga, l'action est l'arme du sage ; c'est l'inaction quand il s'est élevé au yoga.

4. Car c'est lorsqu'il n'a plus d'attachement ni aux objets des sens, ni aux actes, que, affranchi de tout désir, il s'est élevé au yoga.

5. C'est par soi-même que l'on se sauve, que l'on échappe à la perdition ; l'homme est à lui-même son ami, à lui-même son ennemi.

6. Il est à lui-même son ami celui qui s'est vaincu lui-même ; quant à celui qui n'est pas maître de soi, il est à lui-même comme un ennemi.

7. Celui qui s'est vaincu, qui est dans le calme, celui-là demeure parfaitement recueilli, dans le chaud comme dans

le froid, dans le plaisir comme dans la douleur, voire dans l'honneur comme dans le mépris.

8. Celui qui fait sa joie de la vérité et de la science, qui est concentré, maître de ses sens, de ce yogin qui ne fait de l'or plus de cas que d'une pierre ou d'une motte de terre, on dit qu'il est parvenu au yoga.

9. Honneur à celui qui considère du même œil compagnons et amis, ennemis ou indifférents, inconnus, gens haïssables ou parents, hommes vertueux ou pécheurs.

10. Que le yogin toujours se gouverne lui-même, retiré, solitaire, l'esprit dompté, sans désir, sans bien.

11. Dans un endroit pur qu'il se dresse un siège solide, ni trop haut ni trop bas, couvert d'étoffe, d'une peau et de kuça[1].

12. Assis sur ce siège, l'esprit concentré, ayant enrayé toute activité de la pensée et des sens, qu'il exerce le yoga pour se purifier.

13. Impassible, tenant le corps, la tête et le cou droits et immobiles, qu'il fixe son regard sur l'extrémité de son nez sans le laisser errer ailleurs.

14. Parfaitement calme, libre de crainte, fidèle à la chasteté, la pensée maîtrisée, l'esprit plein de moi, qu'il demeure concentré, tendu vers moi.

15. Le yogin à l'intelligence domptée, qui toujours s'exerce de la sorte, atteint le repos, la paix suprême qui a son siège en moi.

16. Pas de yoga, ô Arjuna, pour qui abuse de la nourriture, non plus que pour celui qui s'en prive complètement, pour qui veut trop dormir non plus que pour qui prétend ne dormir jamais.

17. L'effort qui mesure les aliments et l'exercice, qui, dans l'action, mesure le mouvement, qui mesure le sommeil et la veille, voilà ce qui constitue le yoga destructeur de la souffrance.

18. Quand l'esprit discipliné se replie uniquement sur lui-même, alors, on dit que l'homme, libéré de tous les désirs, a atteint le yoga.

19. Une lampe à l'abri du vent dresse sa flamme immobile ; c'est l'image consacrée du yogin qui, l'esprit maîtrisé, parvient à se concentrer en soi.

20. Quand la pensée s'arrête suspendue par la pratique du yoga, quand, découvrant par soi-même l'âtman (l'âme), l'homme trouve sa satisfaction en soi ;

21. Quand il connaît ce bonheur infini qui, n'étant accessible qu'à l'esprit, dépasse les sens, et au sein duquel il ne peut plus s'écarter de la vérité,

22. Dont la possession fait apparaître insignifiant tout autre bien, que ne peut atteindre aucune disgrâce, si cruelle qu'elle soit ;

23. C'est cette libération de la souffrance qu'on appelle yoga. Ce yoga, il le faut résolument poursuivre d'une volonté que rien ne décourage.

24. Il faut s'affranchir pleinement de toutes les passions, filles du désir ; il faut dominer complètement par l'esprit la troupe des sens ;

25. Puis, peu à peu, l'esprit soutenu par une volonté ferme, glisser dans le calme et, s'enfermant en soi, ne plus penser.

26. Toutes les fois que l'esprit, remuant, mobile, prétend s'extérioriser, chaque fois il faut le réfréner et le ramener en soi à la soumission.

27. Un bonheur parfait pénètre le yogin qui a l'esprit pacifié, qui, la passion calmée, sans tache, s'identifie à Brahman.

28. Le yogin, affranchi de souillure, qui toujours se gouverne ainsi, atteint aisément le bonheur infini qu'est l'union en Brahman.

29. Il découvre l'âtman (l'âme) dans tous les êtres et tous les êtres en l'âtman, l'homme gouverné par le yoga qui reconnaît l'identité de tout.

30. Celui qui me voit en tout et qui voit tout en moi ne se sépare jamais de moi, et jamais je ne me sépare de lui.

31. Celui qui, réalisant l'unité, m'adore dans tous les êtres, ce yogin, où qu'il se meuve, demeure en moi.

32. Celui, ô Arjuna, qui, à l'image de l'unité en l'âtman, voit que tout est identique, plaisir ou souffrance, celui-là est réputé yogin parfait.

ARJUNA dit :

33. Ce yoga, ô vainqueur de Madhu, que tu définis par l'impassibilité parfaite[2], j'ai peine à comprendre, étant donné notre mobilité, comment il se peut asseoir fermement ;

34. Car l'esprit, ô Krishna, est mobile, impérieux, violent, tenace ; autant que le vent, il est difficile à enchaîner.

BHAGAVAT dit :

35. Assurément, ô guerrier aux grands bras, l'esprit est mobile et malaisé à enchaîner ; cependant, ô fils de Kuntî, on le peut réduire à force d'application et de détachement.

36. Le yoga, je l'avoue, est d'accès difficile pour qui n'a pas l'âme domptée ; mais celui dont l'âme est maîtrisée et qui se donne de la peine, y peut parvenir par des efforts bien conduits.

ARJUNA dit :

37. Celui qui ne parvient pas à l'ascèse, qui, encore que possédant la foi, ne s'élève pas jusqu'au yoga, à défaut de la

perfection du yoga, quel but atteint-il, ô Krishna ?

38. Est-ce que, manquant également tous ses objets, il ne se perd pas, ô guerrier aux grands bras — tel un nuage qui se déchire — égaré sans point d'appui à la recherche de Brahman ?

39. Dissipe clairement pour moi cette incertitude, ô Kṛishṇa ; seul tu le peux.

BHAGAVAT dit :

40. Ô fils de Pṛithâ, celui que tu dis ne se perd ni dans ce monde, ni dans l'autre ; qui fait le bien, ô mon frère, ne saurait aller à sa perte.

41. Cet homme qui a manqué le yoga, élevé au séjour des gens de bien, y demeure des années infinies, puis il renaît de parents purs et fortunés ;

42. Ou, mieux encore, il revit dans une famille de sages yogins ; car une pareille naissance est la plus rare à obtenir en ce monde.

43. Là, ô rejeton de Kuntî, il retrouve l'état d'esprit où il s'était élevé dans cette existence antérieure, et avec un zèle redoublé il s'efforce vers la perfection.

44. Même à son insu, la vertu de son application d'autrefois le soutient ; il conçoit le désir de s'initier au yoga et dépasse la sagesse scripturaire.

45. Or le yogin, purifié de ses fautes, qui s'efforce avec zèle, se perfectionnant à travers de nombreuses naissances, finit par atteindre le but suprême.

46. Le yoga est supérieur à l'ascèse, supérieur même à la science ; le yoga est supérieur aux œuvres du sacrifice ; deviens donc un yogin, ô Arjuna.

47. Mais, de tous les yogins, celui qui, l'âme unie à moi, m'aime dans une foi profonde, c'est lui qui est, à mes yeux, le yogin parfait.

1. ↑ Une herbe spécialement affectée à différents usages liturgiques.
2. ↑ Pour bien comprendre la liaison avec ce qui précède, il faut se souvenir que, dans ce passage, « l'identité » qu'exprime le mot *sama* enferme un double aspect : il s'agit à la fois de l'identité métaphysique de tout dans l'être universel et de l'identité de toutes choses, plaisir, souffrance, etc., au regard de l'homme également détaché de tout. *Sâmya* que je traduis par *impassibilité* embrasse ainsi à la fois et la notion théorique du monisme et l'indifférence absolue du sage que rien ne peut toucher.

L’EXPOSÉ DE LA CONNAISSANCE

BHAGAVAT dit :

1. Écoute maintenant, ô fils de Pṛithâ, comment, t’appliquant au yoga, la pensée attachée à moi, réfugié en moi, tu me connaîtras entièrement et sans nuage.

2. Sans réserve, je te communiquerai et te rendrai claire cette vérité qui, connue, ne laisse plus rien à apprendre ici-bas.

3. Entre des milliers d’hommes, c’est à peine si l’un ou l’autre s’efforce vers la perfection et parmi ces parfaits, à peine si l’un ou l’autre me connaît en vérité.

4. Terre, eau, feu, vent, éther, sens interne, esprit, individualité, telles sont les huit manifestations diverses de ma nature sensible[1].

5. Cela c’est ma nature inférieure ; mais sache que j’en ai une autre, transcendante, qui est âme vivante, ô guerrier aux grands bras, et qui est le support de cet univers.

6. La première est la matrice de tous les êtres, je suis, moi[2], l’origine et la fin de l’univers tout entier.

7. Il n’est rien au-dessus de moi, ô héros ; je suis la trame sur laquelle le tout est tissé, tels les rangs de perles sur un fil.

8. Dans l'eau je suis le goût, ô fils de Kuntî, la lumière dans la lune et dans le soleil, la syllabe *oṃ* dans tous les vedas, le son dans l'espace, la virilité dans les hommes.

9. Je suis dans la terre le parfum, la splendeur dans l'astre du jour, la vie dans tous les êtres, l'ascèse dans les ascètes.

10. Sache, ô fils de Pṛithâ, que je suis le germé éternel de tous les êtres ; je suis la pensée des êtres pensants, la grandeur des grands.

11. Je suis la force, affranchie de désir et de passion, des forts ; dans les êtres vivants je suis, ô héros des Bhâratas, l'amour permis.

12. Tous les dérivés du sattva, comme du rajas ou du tamas[3], sache bien qu'ils procèdent de moi seul ; non que je sois en eux ; ce sont eux qui sont en moi.

13. Aveuglé par ces triples produits des gunas, tout cet univers est impuissant à me reconnaître au-dessus d'eux, impérissable.

14. C'est que ce monde illusoire des gunas, manifestation de ma puissance divine, est difficile à traverser ; ceux-là seuls le franchissent qui viennent à moi.

15. Ils ne viennent pas à moi, ces pécheurs, ces insensés, les derniers des hommes, qui, se laissant égarer par l'illusion, tombent au niveau des esprits méchants[4].

16. De quatre sortes, ô Arjuna, sont les gens de bien qui m'adorent : l'homme qui souffre, l'homme passionné de

savoir, l'homme qui poursuit la richesse et celui qui possède la connaissance, ô taureau des Bhâratas.

17. De tous, le premier est celui qui, possédant la connaissance, s'applique infatigablement et se voue à moi uniquement ; car je suis infiniment cher à celui qui possède la connaissance, et lui à moi.

18. Tous sont des êtres d'élite ; mais celui qui possède la connaissance est pour moi comme moi-même. Car, appliqué au yoga, il tend vers moi seul comme but suprême.

19. Ce n'est qu'au terme de bien des vies que m'atteint celui qui possède la connaissance ; il est rare l'être magnanime qui sait que Vâsudeva est tout.

20. Ceux qu'égarent des désirs divers s'adressent à d'autres divinités ; ils obéissent chacun à sa nature, en assumant des pratiques diverses.

21. Mais, quelque forme divine qu'un fidèle, dans sa foi, souhaite honorer, c'est moi qui inspire en lui cette foi inébranlable.

22. Plein de cette foi, il se rend telle divinité propice ; il reçoit ensuite, en réalité dispensé par moi, l'objet de ses désirs.

23. Mais éphémère est le fruit que cueillent les esprits à la courte sagesse ; ceux qui sacrifient aux dieux vont aux dieux ; ce sont ceux qui se vouent à moi qui viennent à moi.

24. Pour les ignorants, je ne surs qu'un dieu invisible qui s'est manifesté[5] ; ils ne connaissent pas mon essence transcendante, impérissable, suprême.

25. Voilé par l'illusion que produit ma puissance, je n'apparais pas clairement à tous ; le monde égaré ne me reconnaît pas, moi, l'éternel, l'impérissable.

26. Je connais, ô Arjuna, les êtres passés, présents et à venir ; mais, moi, personne ne me connaît.

27. Troublés par les mouvements contraires qu'engendrent le désir et la répulsion, ô Bhârata, tous les êtres, en naissant, deviennent la proie de l'erreur.

28. Mais les hommes vertueux, une fois leur péché épuisé, libérés du trouble que suscite la sensibilité en ses mouvements contraires, se vouent à moi par un culte immuable.

29. Ceux qui s'appliquent, en se réfugiant en moi, à s'affranchir de la vieillesse et de la mort, ceux-là connaissent ce Brahman universel et individuel ; ils connaissent le tout des actes liturgiques.

30. Ceux qui reconnaissent en moi l'essence des êtres, l'essence du divin, l'essence du sacrifice, ceux-là, l'esprit concentré, me connaissent encore à leur dernier moment.

1. ↑ La « prakṛiti » présentée ici comme l'aspect sensible de l'âme universelle avec laquelle le dieu est identifié.
2. ↑ « Moi » c'est-à-dire « mon essence transcendante ».
3. ↑ Le *sativa*, le *rajas* et le *tamas* qu'on transcrit en « bonté », « passion », « ténèbres », sont les trois *gunas* dont il a été souvent question. « Guna » signifie dans la langue courante *qualité* : mais c'est, je pense, sur un sens très différent que s'est échafaudée cette théorie singulière. En somme elle se résume à imaginer que la *prakṛiti* se compose de ces trois éléments qui, mélangés en proportions diverses, constituent, aux différents stages de la nature et de la vie, tous les êtres transitoires de tout ordre.
4. ↑ Cf. ci-dessous IX, 12 et plus loin, XVI, 6 sq.

5. ↥ Dans la personne de Vâsudeva-Kṛishṇa.

LE SALUT EN BRAHMAN

ARJUNA dit :

1. Qu'est-ce que ce Brahman ? et l'âme individuelle ? Qu'est-ce que l'acte, ô suprême Seigneur ? Qu'entends-tu s par l'essence des êtres ? par l'essence du divin ?

2. Qui — et comment ? — ô vainqueur de Madhu, peut, ici-bas, dans un corps mortel, contenir l'essence du sacrifice ? Comment, à l'heure suprême, peux-tu être connu des hommes qui ont su se discipliner ?

BHAGAVAT dit :

3. L'Impérissable est le Brahman suprême ; on appelle âme individuelle la nature propre de chacun ; le devenir des êtres résulte de cette offrande créatrice qui s'appelle l'acte rituel.

4. Existence transitoire dans l'ordre des êtres, esprit (*purusha*) dans l'ordre des dieux, j'incarne en ce corps, ô le meilleur des hommes, l'essence du sacrifice.

5. Celui qui, à l'heure, de sa fin, rejette sa guenille mortelle en pensant uniquement à moi rejoint mon être ; là-

dessus aucun doute.

6. Quelque existence que conçoive celui qui, au terme de sa vie, se sépare du corps, c'est à cette condition qu'il passe, ô fils de Kuntî ; toujours c'est dans cette condition qu'il revit.

7. Pense donc à moi en tout temps et combats ; l'esprit et la pensée fixés sur moi, c'est à moi que tu viendras ; rien de plus certain.

8. Celui, ô fils de Pṛithâ, qui, l'esprit concentré dans la pratique du yoga, et incapable de s'en laisser distraire, pense le divin Purusha suprême, va à lui.

9. Celui qui se souvient du Sage primordial, du Maître, plus ténu que l'atome ; auteur de l'univers, pour qui aucune forme n'est imaginable, qui a l'éclat du soleil, qui demeure par delà la ténèbre ;

10. Celui qui, au moment du grand départ, la pensée inébranlable, concentrée dans la dévotion et dans l'effort du yoga, sait ramener entre ses sourcils toute sa puissance vitale, celui-là va au divin Purusha suprême.

11. Cette demeure, que les connaisseurs du veda déclarent impérissable, où pénètrent les ascètes libérés de la passion, en vue de laquelle on pratique la chasteté, je te la vais décrire en raccourci.

12. Quand, fermant toutes les issues sur le dehors, emprisonnant en soi la faculté de percevoir, retenant dans la tête son souffle vital, on réalise la concentration du yoga ;

13. Que l'on dépouille le corps en prononçant « om » — Brahman même en une syllabe — et en pensant à moi, on s'élève à l'asile suprême.

14. Celui qui, sans aucune défaillance, pense toujours à moi, pour ce yogin incessamment concentré, je suis, ô fils de Pṛithâ, facile à obtenir.

15. Quand ils m'ont atteint, les sages, s'étant élevés à la suprême perfection, ne sont plus soumis à la renaissance, au séjour de souffrance et d'instabilité.

16. Tous les mondes jusqu'au ciel de Brahmâ[1], ô Arjuna, reviennent à des existences nouvelles ; mais pour qui m'a atteint, ô fils de Kuntî, plus de renaissance.

17. Ceux qui savent qu'un jour de Brahmâ dure mille yugas[2] et mille une nuit, ces hommes connaissent vraiment le jour et la nuit.

18. De l'indétermination sortent, au lever du jour, toutes les réalités sensibles ; elles s'y fondent de nouveau à la tombée de la nuit.

19. Ainsi mécaniquement, ô fils de Pṛithâ, toute la foule des êtres, indéfiniment ramenée à l'existence, se dissout à la tombée de la nuit, renaît au lever du jour.

20. Mais, par delà cette indétermination[3], est une autre essence, entité indéterminée, éternelle, qui, tous, les êtres disparaissant, elle, ne disparaît pas.

21. C'est l'« Indestructible ». C'est lui qui est marqué comme le but suprême, celui d'où l'on ne revient pas ; c'est

là mon siège suprême.

22. C'est, ô fils de Pṛithâ, ce suprême Purusha qu'on ne peut atteindre que par un attachement exclusif, le Purusha qui embrasse tous les êtres, par qui a été déployé l'univers.

23. Et maintenant, à quels moments les yogins quittent la vie, soit sans retour, soit pour y revenir, je vais te l'enseigner, ô Bhârata.

24. Feu, lumière, jour, quinzaine claire, semestre ascendant du soleil vers le nord, c'est sous ces signes lumineux que vont à Brahman les hommes qui connaissent Brahman.

25. Fumée, nuit, quinzaine sombre, semestre descendant du soleil au sud, — sous ces signes d'ombre, le yogin atteint la lumière de la lune pour revenir ensuite à de nouvelles existences.

26. Ce sont les deux voies éternelles, l'une claire, l'autre obscure, de l'univers ; par l'une il n'est pas de retour, par l'autre on revient en arrière.

27. Les yogins les connaissent ces deux sentiers, et aucun d'eux ne s'égare, ô fils de Pṛithâ ; sois donc, ô Arjuna, en tout temps appliqué au yoga.

28. Le mérite qui est assigné à l'étude du veda, au sacrifice, à l'ascèse, à l'aumône, le yogin qui sait tout cela, le dépasse ; il s'élève au lieu suprême, au lieu des origines.

1. ↑ Brahmâ, masculin, le dieu Brahmâ, ordinairement rapproché de Vishṇu et de Çiva ; non pas Brahman, au neutre, l'être un.
2. ↑ Nom d'une vaste période cosmique.

3. ↑ *Avyakta*, littéralement « l'indistinct, l'indiscriminé » ; c'est un des noms que l'on donne à la *prakriti* dans son état primitif et, en quelque sorte, chaotique. On voit ici avec évidence que ces notions réputées spéculatives sur l'origine des choses reposent, au moins pour une part, sur l'arrière-plan des conceptions mythiques et construisent la genèse première à l'image de l'origine quotidienne du cosmos sortant au matin de la nuit et y retombant le soir.

IX

LE MYSTÈRE ROYAL

BHAGAVAT dit :

1. Je te veux, à toi qui es plein de zèle, faire entendre clairement la science la plus secrète, celle dont la connaissance t'affranchira de tout mal.

2. C'est la science royale, le secret royal, le moyen de sanctification le plus puissant ; elle s'impose par l'évidence ; elle est sainte, facile à pratiquer, impérissable.

3. Les hommes qui n'ont pas foi en cette doctrine, ô héros terrible, impuissants à m'atteindre, retombent dans les sentiers de la transmigration et de la mort.

4. C'est moi, dénué de toute forme sensible, qui ai déployé cet univers. Tous les êtres sont en moi et moi je ne suis pas en eux.

5. Et, à vrai dire, les êtres ne sont pas en moi. Admire ici ma puissance souveraine : mon être porte les créatures, il n'est pas dans les créatures, et c'est par lui qu'existent les créatures.

6. Comme un grand vent toujours en mouvement dans l'espace, s'insinue partout, ainsi faut-il entendre que toutes les créatures sont en moi.

7. Tous les êtres, ô fils de Kuntî, à la fin du kalpa[1], rentrent dans ma prakṛiti[2] ; au commencement du kalpa, je les rends à l'existence.

8. C'est au moyen de ma prakṛiti que je produis et reproduis toute cette foule des êtres, mécaniquement, par la seule poussée de la prakṛiti.

9. Et cette activité, ô Dhanañjaya, ne m'enchaîne pas, car j'y demeure comme étranger, étant sans aucune attache à ces œuvres.

10. C'est grâce à moi que la prakṛiti produit toutes les créatures vivantes ou inertes ; mais je ne suis là que spectateur ; et c'est ainsi, ô fils de Kuntî, que le monde évolue.

11. Incorporé dans une figure humaine, les égarés me méconnaissent ; ils ignorent mon essence suprême de souverain Seigneur des êtres.

12. Insensés, dont les espérances, les œuvres et la science sont également vaines et qui s'abandonnent aux égarements propres par nature aux démons et aux esprits mauvais !

13. Mais les sages, ô fils de Pṛithâ, qui relèvent de la nature divine, s'attachent à moi uniquement ; ils me connaissent pour l'origine impérissable des êtres.

14. Les uns me glorifient sans cesse, et, adonnés aux pratiques rigides, m'adorant pieusement, me servent avec une application constante.

15. D'autres me servent en me rendant un culte de connaissance, soit qu'ils me considèrent dans l'unité ou dans la multiplicité infinie de mes manifestations distinctes.

16. Je suis le rite, jé suis le sacrifice, je suis l'offrande et l'herbe rituelle ; c'est moi qui suis la prière, le beurre clarifié ; je suis le feu ; je suis la libation.

17. De ce monde, je suis le père, la mère, l'ordonnateur, l'ancêtre ; je suis l'objet de la science, le purificateur, la syllabe om, le rie, le sâman, le yajus[3] ;

18. Je suis le but, le soutien, le maître, le témoin, la demeure, le refuge, l'ami, l'origine et la fin, le support, le réceptacle, le germe, l'impérissable.

19. Je donne la chaleur, je retiens la pluie et je la répands ; je suis l'immortalité et la mort ; je suis, ô Ârjuna, l'être et le non-être.

20. Les maîtres de la triple science[4] qui en buvant le soma se purifient de leurs péchés, cherchent, en m'honorant par des sacrifices, à gagner le ciel ; introduits dans le monde pur du roi des dieux, ils goûtent, là-haut, les jouissances divines des hôtes célestes.

21. Quand ils ont joui de ce monde immense du ciel et que leurs mérites sont épuisés, ils rentrent dans le monde des mortels ; ainsi vont et viennent ceux qui, livrés au désir, vivent sous la loi de la triple science.

22. Quant aux hommes qui me servent, en n'ayant de pensée que pour moi, qui s'appliquent à une concentration constante, je leur dispense la félicité.

23. Ceux-là même qui, attachés à d'autres divinités, sacrifient avec foi, en réalité, ô fils de Kuntî, c'est à moi qu'implicitement ils sacrifient.

24. Car c'est moi qui suis réellement l'objet et le maître de tous les sacrifices, mais ils ne me connaissent pas tel que je suis ; et c'est pourquoi ils retombent dans la vie.

25. Ceux qui servent les dieux vont aux dieux, aux mânes ceux qui servent les mânes, aux démons ceux qui servent les démons ; ainsi viennent à moi ceux qui m'offrent leurs sacrifices.

26. Que l'on me présente avec dévotion fût-ce une feuille, une fleur, un fruit, un peu d'eau, je jouis de l'offrande pieuse du serviteur au cœur zélé.

27. Actions et repas, libations, aumônes, pénitences, offre-moi tout, ô fils de Kuntî.

28. Par là tu te libéreras des chaînes de l'action et de ses fruits bons ou mauvais ; voué au détachement et au yoga, affranchi, tu viendras à moi.

29. Entre toutes les créatures, je ne fais nulle différence, aucune ne m'est en haine, aucune ne m'est chère ; mais ceux qui s'attachent à moi avec dévotion, ceux-là sont en moi et moi en eux.

30. Même un grand criminel, s'il m'adore sans partage, doit être considéré comme un juste ; car sa croyance est vraie.

31. Vite il devient irréprochable et atteint la paix éternelle. Entends-le bien, ô fils de Kuntî, jamais mon

serviteur ne se perd.

32. Ceux, ô fils de Pṛithâ, qui prennent en moi leur refuge, fussent-ils de la pire origine, femmes, vaiçyas ou çûdras, ceux-là même atteignent le but suprême ;

33. Combien plus les brâhmanes purs et les rois-ṛishis qui se donnent à moi. Tombé dans ce monde éphémère et misérable, sois mon serviteur.

34. Tourne vers moi ta pensée, donne-toi à moi, offre-moi tes sacrifices, adore-moi ; en te gouvernant ainsi, uniquement occupé de moi, tu viendras à moi.

1. ↑ Période cosmique.
2. ↑ La prakṛiti, on l'a vu, c'est le monde sensible et vivant ; elle est conçue, dans le syncrétisme qui prévaut ici, comme une sorte d'extériorisation de l'âme universelle avec laquelle est identifié le Dieu.
3. ↑ C'est-à-dire le verbe même de chacun des Vedas, Ṛigveda, Sâmaveda et Yajurveda.
4. ↑ Des trois vedas. — Le soma est la plante sacrée que l'on pressure dans les sacrifices.

X

LES MANIFESTATIONS

BHAGAVAT dit :

1. Écoute encore, ô guerrier aux grands bras, ma parole suprême, et réjouis-toi d'un enseignement que je te communique pour ton bien.

2. Ni les dieux, ni les grands ṛishis ne connaissent ma naissance ; car je suis moi-même l'origine unique des dieux et des grands ṛishis.

3. Celui qui me connaît pour souverain du monde, éternel, sans commencement, celui-là, maître entre les mortels de la vérité, est affranchi de tout péché.

4. Intelligence, connaissance, fermeté d'esprit, patience, sincérité, maîtrise de soi, paix, plaisir et souffrance, naissance et destruction, crainte et courage,

5. Douceur, égalité d'âme, contentement, pénitence, aumône, honneur et déshonneur, tous les modes divers de l'existence procèdent de moi seul.

6. Les sept grands ṛishis du commencement et les quatre manus[1] procèdent de moi ; ils sont mes fils spirituels de qui sont issues dans le monde toutes les créatures.

7. Celui qui connaît en vérité, mon expansion et ma puissance, celui-là est, de toute certitude, en possession du

yoga inébranlable.

8. Je suis l'origine de tout ; de moi tout procède ; c'est dans cette conviction que s'attachent à moi les sages à la pensée profonde.

9. L'esprit en moi, toute leur vie suspendue à moi, s'éclairant les uns les autres et proclamant sans cesse mes louanges, ils sont comblés, ils débordent de joie.

10. À ces hommes constamment recueillis, qui s'attachent à moi avec délices, je communique la force d'esprit par laquelle ils s'élèvent à moi.

11. Pour eux, par grâce, me manifestant dans ma vraie nature, je dissipe les ténèbres de l'ignorance à l'éclatante lumière de la vérité.

ARJUNA dit :

12. Tu es le Brahman suprême, le refuge suprême, le suprême purificateur. Le divin Esprit (*purusha*) éternel, le premier des dieux, l'être sans commencement, omniprésent :

13. Ainsi te nomment tous les ṛishis et Nârada, le ṛishi divin, Asita Dévala, Vyâsa ; ainsi toi-même tu te révèles à moi.

14. C'est sur ta parole, ô Keçava, que je tiens tout cela pour vrai, car les dieux ni les démons ne savent, ô Bhagavat, comment tu te manifestes.

15. Toi seul tu te connais toi-même, ô suprême Purusha, auteur des êtres, souverain des êtres, dieu des dieux, seigneur du monde !

16. Daigne exposer sans réserve tes manifestations divines, ces manifestations par lesquelles tu pénètres incessamment tous les mondes.

17. Comment, ô maître du yoga, même à méditer sur toi sans trêve, saurais-je dans quelles formes de l'être je dois te reconnaître, ô Bhagavat ?

18. Parle encore ; expose-moi en détail, ô Janârdana, ta puissance et ta manifestation ; je ne puis me rassasier de l'ambroisie de ta parole.

BHAGAVAT dit :

19. Je t'énumérerai donc, ô le meilleur des Kurus, mes manifestations divines, mais en raccourci, car le détail en serait sans fin.

20. Je suis, ô Guḍâkeça, l'âme qui a son siège dans tous les êtres : de tous les êtres, je suis le commencement, le milieu et la fin.

21. Entre les Adityas, je suis Vishṇu, entre les astres, le soleil radieux ; je suis Marîci entre les Maruts, la lune entre les constellations.

22. Des vedas je suis le sâman et Vâsava parmi les dieux, parmi les sens, je suis le sens interne et entre les êtres

l’esprit ;

23. Des Rudras[2] je suis Çaṃkara, entre les Yakshas et les Rakshas le dieu des richesses ; des Vasus je suis le feu, et des sommets le Meru ;

24. Sache, ô fils de Pṛithâ, que je suis le chef des prêtres domestiques, Bṛihaspati, entre, les chefs d’armée Skanda, entre les eaux l’Océan ;

25. Des grands ṛishis, je suis Bhṛigu et, entre les sons, la syllabe unique oṃ, dans le sacrifice la prière, entre les montagnes l’Himâlaya ;

26. L’açvattha entre tous les arbres et Nârada entre les rishis divins ; Čitraratha entre les Gandharvas et, entre les saints, l’ascète Kapila.

27. Sache que, entre les chevaux, je suis Uččaiḥçravas né avec l’ambroisie, Airâvata[3] entre les éléphants et, parmi les hommes, le roi.

28. Des armes je suis la foudre, des vaches la vache qui comble tous les vœux. Je suis l’Amour, le dieu de la génération. Entre les serpents, je suis Vâsuki.

29. Je suis Ananta parmi les Nâgas, Varuṇa parmi les habitants des eaux. Parmi les Mânes, je suis Aryaman et Yama[4] parmi les potentats.

30. Je suis Prahlâda entre les démons et Kâla (le Temps) entre tout ce qui se compte[5], le lion parmi les animaux et, parmi les oiseaux, le fils de Vinatâ.

31. Je suis le vent entre tout ce qui purifie, Râma entre les guerriers, entre les poissons le Makara, entre les fleuves le Gange.

32. Des créations, ô Arjuna, je suis le commencement et la fin, le milieu aussi ; des sciences la connaissance de l'âtman ; entre les thèses contraires la vérité.

33. Des lettres, je suis l'*a*, je suis le premier parmi les composés ; c'est moi qui suis le temps infini, moi le créateur au visage innombrable.

34. Je suis la mort qui emporte tout et la naissance de ceux qui doivent venir à la vie ; parmi les génies féminins, je suis la Gloire, la Fortune et la Parole, la Mémoire, la Sagesse, la Fermeté, la Patience.

35. Entre les sâmans[6] je suis le Bṛihatsâman et entre les ričs la Gâyatrî ; entre les mois Mârgaçîrsha, entre les saisons le printemps.

36. Entre tout ce qui trompe, je suis le jeu, je suis la splendeur de ce qui brille, je suis la victoire, la certitude, je suis la vertu des gens vertueux.

37. Entre les Vṛishṇis je suis Vâsudeva et entre les Pâṇḍavas Arjuna ; des ascètes je suis Vyâsa, des sages le sage Uçanas.

38. Je suis la force des dominateurs, la politique des conquérants, je suis le silence des mystères et la science des savants.

39. Le germe de tous les êtres, ô Arjuna, c'est moi ; il n'est pas un être animé ou inanimé qui puisse être sans moi.

40. Innombrables, ô héros, sont mes manifestations divines ; cette énumération n'est qu'une manière d'exemple.

41. Entends que toute manifestation, toute vie, toute beauté et toute énergie a pour origine une parcelle de ma puissance.

42. Mais à quoi bon, ô Arjuna, tout ce détail ? Un mot suffit : d'une seule parcelle de moi je porte éternellement tout cet univers.

1. ↑ Personnages de la cosmogonie légendaire.
2. ↑ Rudras, Yakshas, Rakshas, Vasus, catégories diverses de génies, dieux ou démons. De même plus bas les Gandharvas, les Nâgas, etc.
3. ↑ Uččaiḥçravas est un cheval mythique qui sort du barattement de l'océan ; Airâvata, l'éléphant qui sert de monture au dieu Indra.
4. ↑ Le dieu des morts, avec un jeu étymologique sur *saṃ-yam*.
5. ↑ Par jeu de mots sur le thème *kal*, origine de Kâla, « le temps ».
6. ↑ Formules du Sâmaveda.

XI

LA VISION DE L'ÊTRE INNOMBRABLE

ARJUNA dit :

1. Le suprême mystère que pour mon bien tu m'as communiqué, la doctrine de l'âtman, a banni de moi toute erreur.

2. De ta bouche, ô héros aux yeux de lotus, j'ai appris en détail l'origine et la fin des êtres et ta grandeur impérissable.

3. Il en est comme tu l'as dit en t'affirmant toi-même le dieu souverain. Je désire, ô suprême Purusha, te voir dans ta forme divine.

4. Si tu estimes, ô maître, que je la puisse contempler, ô dieu du yoga, montre-toi à moi comme l'Impérissable.

BHAGAVAT dit :

5. Vois, ô fils de Pṛithâ, par centaines, par milliers, mes formes divines, infiniment diverses, infiniment variées de couleur et d'aspect.

6. Vois les Âdityas, les Vasus, les Rudras et les Açvins et les Maruts ; vois, ô Bhârata, d'innombrables merveilles que jamais jusqu'ici nul n'a aperçues.

7. Vois ici dans mon seul corps, ô Guḍâkeça, tout l'univers, tous les êtres vivants ou inanimés et quelque objet enfin que tu souhaites contempler.

8. Mais tu ne peux me voir avec tes seuls yeux d'homme ; je te confère la vue divine ; contemple ma puissance souveraine.

SAÑJAYA dit :

9. À ces mots, Hari, le grand maître du yoga, découvrit, ô roi, au fils de Pṛithâ sa forme de souverain Seigneur,

10. Pourvu de bouches et d'yeux sans nombre, vision de merveilles sans fin, orné de joyaux divins innombrables, brandissant mille armes divines,

11. Paré de guirlandes et de vêtements divins, oint de parfums célestes, c'est, fait de tous les prodiges, le dieu infini se manifestant en toutes choses.

12. Si l'éclat de mille soleils surgissait tout d'un coup dans le ciel, ce serait quelque chose comme l'éclat que répand le grand Être.

13. Tout cet univers fait de tant de parties, le Pâṇḍava le vit ramassé là dans le corps du dieu des dieux.

14. Alors Dhanañjaya pénétré de stupeur, tous les poils hérissés, s'inclinant devant le dieu et les mains réunies pour l'hommage, prononça :

ARJUNA dit :

15. Ô dieu, je vois dans ton corps tous les dieux et toutes les sortes d'êtres, Brahmâ, Çiva, le dieu au siège de lotus et les ṛishis et tous les serpents divins.

16. Je te vois avec un nombre infini de bras, de poitrines, de bouches et d'yeux, illimité en tous sens ; de toi, ô maître de l'univers aux aspects infinis, je ne vois ni la fin, ni le milieu, ni le commencement.

17. Avec le diadème, la massue et le, disque — telle une masse de feu qui projette de tous côtés des flammes — je te vois, toi si difficile à apercevoir, immense, répandant en tous sens l'éclat d'un brasier ardent, du soleil.

18. En toi il faut reconnaître l'Être indestructible, suprême ; tu es le suprême support de l'univers ; tu es, je le sais, l'impérissable gardien de l'ordre permanent, l'éternel Purusha.

19. Je te vois sans commencement, sans milieu et sans fin, de force infinie, armé de bras sans nombre, pour yeux le soleil et la lune, pour bouche le feu flambant, réchauffant l'univers de ta splendeur.

20. Car, entre terre et ciel, seul tu remplis tout. À la vue de ta forme merveilleuse et terrible, ô grand Être, les trois mondes sont frappés d'épouvante. »

21. Car voici que les troupes des dieux entrent en toi ; quelques-uns, effrayés, chantent en t'adorant ; les troupes des ṛishis et des Siddhas te bénissent et te comblent de louanges infinies.

22. Rudras et Âdityas, Vasus et Sâdhyas, Viçvedevas et Açvins, les Maruts, les Mânes, la troupe des Gandharvas, des Yakshas, des Asuras et des Siddhas, tous te contemplent émerveillés.

23. À la vue de cette apparition immense, aux bouches, aux yeux innombrables, aux bras, aux jambes, aux pieds sans nombre, ô héros aux grands bras, avec tes innombrables poitrines, tes crocs formidables, les mondes tremblent et je tremble, moi aussi.

24. En te voyant toucher le ciel de la tête, éblouissant de mille couleurs, les bouches ouvertes, les yeux immenses et flamboyants, je me sens épouvanté, je ne puis me ressaisir ni reprendre contenance, ô Vishṇu.

25. À la vue de tes bouches aux crocs formidables, pareilles au feu cosmique qui met fin à toutes choses, je suis éperdu, je ne sais où chercher un refuge. Grâce ! ô maître des dieux qui pénètres l'univers.

26. En toi se précipitent tous ces fils de Dhṛitarâshṭra, avec la foule des rois, Bhîshma, Droṇa et aussi Karṇa, avec, encore, les chefs de nos guerriers.

27. Ils se précipitent en hâte dans tes bouches terrifiantes aux crocs formidables ; plusieurs apparaissent suspendus, , la tête écrasée, entre tes dents.

28. Comme les flots pressés des fleuves roulent rapides vers l'océan, tels ces héros se précipitent dans tes mâchoires flamboyantes.

29. Comme des papillons se hâtent à leur perte dans la flamme brillante, ainsi les hommes courent à leur perte en se précipitant dans tes bouches.

30. De tes langues de flamme tu enveloppes, tu dévores avidement tous les hommes ; tes feux redoutables, ô Vishṇu, brûlent l'univers qu'ils remplissent tout entier de leur splendeur.

31. Révèle-moi qui tu es sous cet aspect terrible. Adoration à toi ! Grâce ! ô maître des dieux. Je souhaite te connaître ; tu es origine ; je ne comprends pas ce rôle de destructeur où je te vois.

BHAGAVAT dit :

32. Je suis le Temps qui, en progressant, détruit le monde ; mon rôle est de supprimer ici-bas les hommes ; quoi que tu fasses, ils cesseront tous quelque jour de vivre, ces guerriers rangés en ligne de bataille.

33. Donc, lève-toi, conquiers la gloire ; triomphe de tes ennemis et jouis d'un royaume prospère. C'est moi qui,

d’abord, frappe tous ces guerriers ; sois seulement, ô toi l’habile archer, l’instrument dans ma main.

34. Droṇa, Bhîshma, Jayadratha, Karṇa et tous ces autres héros, c’est moi-même qui les frapperai ; frappe-les, toi aussi ; n’hésite pas. Combats ! Tu vaincras dans la lutte tous tes rivaux.

SAÑJAYA dit :

35. À ce discours de Keçava, le héros au diadème, tremblant, les mains jointes pour l’hommage, adorant Krishna avec épouvante, répondit d’une voix coupée par l’émotion.

ARJUNA dit :

36. C’est justice, ô Hṛishîkeça, que, à t’entendre célébrer, le monde soit transporté de joie et d’amour, que les mauvais esprits épouvantés s’enfuient et que toutes les troupes des Siddhas tombent en adoration.

37. Comment ne t’adoreraient-ils pas, ô grand Être, toi premier agent plus vénérable que Brahmâ même ! Ô maître infini des dieux, appui de l’univers, tu es l’Impérissable, tu es l’être et le non-être et ce qui est par-delà.

38. Tu es le premier des dieux, l'Esprit, l'Ancien, tu es le support suprême de tout cet univers ; tu es le sujet et l'objet de toute science et le bien suprême ; par toi, ô dieu aux aspects infinis, le tout a été déployé.

39. Tu es Vâyu, Yama, Agni, Varuṇa ; tu es la Lune ; tu es Prajâpati ; tu es l'Ancêtre. Adoration, mille fois adoration à toi, et puis, encore et encore, adoration, adoration à toi !

40. De l'est et de l'ouest, adoration à toi, adoration de tous les points de l'horizon, ô toi qui es tout. Immense et sans limite est ta puissance. Tu pénètres tout et ainsi tu es tout.

41. Ne voyant en toi que l'ami, si je me suis laissé aller à m'écrier : « Ô Kṛishṇa, ô Yâdava, ô ami ! » méconnaissant ta grandeur par légèreté ou par entraînement de tendresse,

42. Si, par plaisanterie, je t'ai manqué de respect, dans l'agitation ou le repos, dans des réunions ou des repas, soit seul, ô Àčyuta, soit devant témoins, je t'en demande pardon, à toi, l'Immense.

43. Tu es le père de ce monde animé et inanimé, tu es son maître vénérable, adorable. Tu n'as pas d'égal, combien moins de supérieur ! Dans les trois mondes ta puissance est incomparable.

44. C'est pourquoi, la tête inclinée, tout entier prosterné, je t'implore, toi, le maître digne de toute louange. Comme le père au fils, comme l'ami à l'ami, comme l'amant à l'aimée, daigne, ô dieu, m'être indulgent.

45. Devant ce spectacle inouï, je frissonne et mon esprit est ébranlé par la crainte. Montre-moi seulement ta forme de dieu ; fais-moi cette grâce, ô maître des dieux, support de l'univers !

46. Je désire te revoir simplement ainsi avec le diadème, la massue et le disque. Reprends cette figure à quatre bras, ô dieu aux mille bras, aux formes infinies.

BHAGAVAT dit :

47. C'est pour te témoigner ma faveur que, par un effet de ma puissance, je t'ai révélé, ô Arjuna, ma forme suprême, toute resplendissante, totale, infinie, primitive, cette forme qu'aucun autre que toi n'a jamais vue.

48. Au prix d'aucune étude, veda ni sacrifice, d'aucune aumône, d'aucun rite, fût-ce de la plus terrible pénitence, je ne saurais, ô chef des Kurus, être, dans le monde des hommes, vu sous cet aspect par personne autre que toi.

49. Ne t'effraie ni ne te trouble pour m'avoir vu sous cette forme redoutable. Cependant, bannissant toute crainte et le cœur satisfait, contemple maintenant de nouveau ma forme coutumière.

SAÑJAYA dit :

50. Parlant ainsi, Vâsudeva se manifesta de nouveau à Arjuna sous ses traits ordinaires ; et le grand Être rendit le calme au guerrier terrifié, en apparaissant derechef avec son air de bienveillance.

ARJUNA dit :

51. En voyant, ô Janârdana, ta forme humaine à l'expression bienveillante, voici que j'ai repris mes sens ; je suis redevenu maître de moi.

BHAGAVAT dit :

52. Elle est bien malaisée à voir cette forme de moi que tu as vue ; en vain les dieux eux-mêmes y aspirent sans cesse.

53. Ni par les vedas ou la pénitence, ni à force d'aumônes ou de sacrifices, on n'obtient de me voir tel que tu m'as vu.

54. C'est seulement au prix d'une dévotion sans partage que l'on peut, ô Arjuna, me connaître sous ces traits et me contempler au vrai et entrer en moi, ô héros redoutable.

55. Celui qui n'agit qu'en vue de moi, dont je suis le tout, qui se dévoue à moi, libre de toute attache, qui ne connaît de Haine pour aucun être, celui-là, ô Pâṇḍava, parvient à moi.

XII

LA BHAKTI

ARJUNA dit :

1. De ceux qui te servent ainsi, s'attachant à toi avec une application constante, ou de ceux qui ne connaissent que l'Indestructible inaccessible aux sens, lesquels sont les meilleurs disciples du yoga ?

BHAGAVAT dit :

2. Ceux qui, pleins d'une foi inébranlable, fixant en moi leur pensée, me servent avec une application incessante, ce sont ceux-là que je tiens pour les yogins les plus parfaits.

3. Cependant, ceux dont le zèle religieux a pour objet l'Indestructible, inexprimable, inaccessible aux sens, omniprésent et impensable, inébranlable, immuable, fixe ;

4. Qui, dominant leurs sens, n'éprouvent, au regard de toutes les sensations, qu'une indifférence complète, ces hommes passionnés pour le bien de tous les êtres, c'est moi-même qu'ils atteignent.

5. Mais l'effort est bien plus pénible pour les esprits qui s'attachent à l'inaccessible ; un objet abstrait est, pour les hommes, malaisé à atteindre.

6. Ceux, au contraire, qui, s'allégeant en moi de tous actes, ne voient que moi, qui me servent en concentrant dans ma contemplation tout leur effort,

7. Ces hommes dont l'esprit se réfugie en moi, rapidement, ô fils de Pṛithâ, je les arrache à l'océan de la transmigration et de la mort.

8. Porte ta pensée vers moi seul, fixe en moi ton intelligence, tu seras sûr alors de demeurer dorénavant en moi.

9. Si tu ne peux fixer fermement en moi ton esprit, tâche, ô Dhanañjaya, de m'atteindre par l'effort d'exercices soutenus.

10. Si tu ne peux davantage réussir par ces pratiques, consacre-moi toutes tes actions ; en agissant en vue de moi seul, tu pourras encore atteindre la perfection.

11. Si tu es, enfin, incapable d'agir de la sorte en t'efforçant à t'unir à moi, renonce, l'âme maîtrisée, à tout fruit des actes.

12. Car la connaissance vaut mieux que les pratiques ascétiques ; la contemplation l'emporte sur la connaissance, et sur la contemplation, le renoncement au fruit des actes ; le renoncement conduit immédiatement à la paix du salut.

13. Sans haine pour aucun être, tendre et pitoyable, détaché, dénué d'égoïsme, patient jusqu'à l'indifférence au regard de la souffrance et du plaisir,

14. Toujours satisfait, le yogin, maître de lui, ferme eh ses résolutions, qui, tendrement attaché à moi, repose en

moi son esprit et sa pensée, celui-là m'est cher.

15. Celui de qui les hommes n'ont rien à redouter et qui ne redoute rien des hommes, celui qui est affranchi de tous mouvements de joie, de colère, de crainte, celui-là m'est cher.

16. Détaché, pur, fort, parfaitement indifférent, supérieur à toute agitation, celui qui, renonçant à toute activité intéressée, m'est tendrement attaché, celui-là m'est cher.

17. Celui qui, plein de tendre dévotion, ne se réjouit ni ne hait, ne s'attriste ni ne désire, renonce également à ce qui est agréable ou pénible, celui-là m'est cher.

18. Celui qui ne fait nulle différence entre ennemi et ami, entre l'honneur et le mépris, le froid et le chaud, le plaisir et la peine, libéré de tout attachement,

19. L'homme plein de dévotion tendre, qui accueille le blâme et l'éloge du même silence dédaigneux, qui est également satisfait de tout, qui, sans asile, garde le cœur ferme, cet homme m'est cher.

20. Mais ceux qui, s'attachant à moi comme à leur objet suprême, croient fermement au pieux enseignement, précieuse ambroisie, que je viens de te dispenser, par-dessus tout ceux-là me sont chers.

V

LE MONDE SENSIBLE ET L'ESPRIT

BHAGAVAT dit :

1. Le corps, ô fils de Kuntî, est appelé le kshetra[1] ; celui qui le connaît est dit kshetrajña par ceux qui savent.

2. Mais apprends aussi, ô Bhârata, que dans tous les kshetras je suis le kshetrajña. La science du kshetra et du kshetrajña, voilà qui est vraiment la science.

3. Ce qu'est le kshetra, ce qui le caractérise, comment il se diversifie et quelle est son origine, et ce ksetrajña, quel il est et quelle est sa puissance, je vais te l'expliquer brièvement ; écoute-moi.

4. Les ṛishis ont proclamé cet enseignement au hasard de leurs chants, dans nombre de vers, et aussi dans l'exposé précis et solidement déduit des sûtras relatifs au Brahman.

5. Les éléments, l'individualité, l'intelligence et l'indéterminé, les dix sens avec le sens central et les cinq domaines des sens[2],

6. Le désir et la haine, le plaisir et la souffrance, le corps, la pensée, la volonté : voilà, en abrégé, ce qu'on appelle le kshetra dans ses aspects divers.

7. L'humilité, la loyauté, la douceur, la patience, la probité, le respect du maître, la pureté, la fermeté, la maîtrise de soi,

8. L'indifférence aux objets des sens, l'affranchissement de tout égoïsme, la claire vision des maux qu'apportent la naissance et la mort, la maladie et la vieillesse,

9. Le renoncement, le détachement de tout, fils, femme, maison, et la constante égalité d'âme devant tous les événements agréables ou pénibles,

10. L'union avec moi exclusive et incessante, la pratique de la solitude, le dégoût de la société des hommes,

11. La recherche assidue de la science de l'âtman, et le vif sentiment du prix de la vérité, — voilà ce qu'on appelle la connaissance ; l'ignorance en est le contraire.

12. Quant à l'objet de la connaissance, je vais te le révéler, cet objet dont la connaissance procure l'immortalité : c'est le Brahman suprême qui n'a pas de commencement, dont on dit qu'il n'est ni l'être ni le non-être.

13. Il est partout pieds et mains, yeux, têtes et bouches, partout oreilles ; il embrasse toutes choses.

14. Il se manifeste par tous les sens et il est dépourvu de tout sens ; détaché de tout, il porte tout ; étranger aux guṇas, il perçoit les guṇas.

15. Il est à l'extérieur et à l'intérieur des êtres, immobile et mobile ; si subtil qu'il ne peut être perçu ; il est loin et il est près.

16. Indivisible il réside dans les êtres comme s'il était divisé ; c'est lui qui conserve les êtres, lui aussi qui les dévore, lui qui les produit.

17. On l'appelle la lumière des lumières, celle qui est par delà les ténèbres. Connaissance et objet de la connaissance, accessible par la connaissance, il réside au cœur de chacun.

18. Ainsi je t'ai dit eh bref ce qu'est le kshetra et aussi la connaissance et l'objet de la connaissance. Celui qui, uniquement attaché à moi, comprend cela, accède à mon être.

19. Sache que Prakṛiti et Purusha sont tous deux sans commencement et ; que de la Prakṛiti sont issus les modalités (*vikâras*) et les guṇas.

20. De la Prakṛiti procède toute activité — effets et causes, du Purusha toute perception — plaisir et souffrance.

21. Résidant dans la Prakṛiti, le Purusha perçoit les guṇas issus d'elle ; son attachement aux guṇas est la cause des naissances heureuses ou malheureuses.

22. Même dans le corps où son seul rôle est d'être spectateur passif, de conserver, de percevoir, c'est le Purusha transcendant, celui qu'on appelle le Maître souverain et l'Esprit suprême.

23. Celui qui connaît ainsi le Purusha et la Prakṛiti avec les guṇas, en quelque condition qu'il se trouve, ne renaît pas.

24. Quelques-uns découvrent eux-mêmes en soi l'âtman (l'âme universelle) par la contemplation, d'autres par l'effort de la pensée, d'autres par l'effort dans l'action.

25. Plusieurs, s'ils ne s'élèvent pas d'eux-mêmes à la vérité, y croient, instruits par d'autres ; eux aussi,

uniquement dirigés par la révélation, triomphent de la mort.

26. Dans tous les cas où naît un être, animé ou inanimé, sache, ô taureau des Bharatas, que c’est par l’union du kshetra et du kshetrajña.

27. Celui qui connaît que c’est le souverain Seigneur qui réside, le même, dans tous les êtres sans jamais périr avec ceux qui périssent, celui-là sait.

28. Celui qui voit le Seigneur résidant partout, toujours identique, celui-là ne risque pas de se perdre lui-même ; il atteint le but suprême.

29. Celui qui voit que toujours et partout l’action est œuvre de la seule Prakṛiti, et que l’âme n’est point agent, celui-là voit.

30. Quand il reconnaît que c’est sur le même être unique que repose la foule des existences particulières et que de lui tout rayonne, alors il atteint Brahman.

31. Cet âtman suprême, impérissable parce qu’il est sans commencement et sans guṇas, bien qu’il demeure dans le corps, n’agit pas, ô fils de Kuntî ; il ne contamine pas.

32. Comme l’éther répandu partout échappe par sa subtilité à toute souillure, de même l’âtman partout répandu dans le corps, ne se contamine jamais.

33. Comme le soleil à lui seul illumine tout cet univers, de même, ô Bhârata, le maître du kshetra illumine le kshetra entier.

34. Ceux qui, à la lumière de la science, ont ainsi reconnu la distinction du kshetra et du kshetrajña et comment on s'affranchit du monde sensible des créatures, ceux-là atteignent l'absolu.

1. ↑ *Kshetra* signifie « le champ » ; *kshetrajña* « qui connaît le champ » ; c'est le corps et l'âme.
2. ↑ Les vingt-quatre premiers tattvas du Sâṃkhya figurent ici dans une énumération qui ne paraît pas encore définitivement systématisée, puisqu'ils y sont associés à des termes de tout autre caractère. Je veux seulement remarquer que ce que je traduis « l'indéterminé » est l'*avyakta*, autrement dit la *prakṛiti* considérée en quelque sorte à l'état abstrait, avant que, par la différenciation des êtres, le cosmos ait pris une réalité concrète accessible aux sens. « Éléments » traduit *mahâbhûta*, « individualité » *ahaṇkâra*, « intelligence » *buddhi*, le « sens interne » *manas*.

XIV

LA RÉPARTITION DES TROIS GUNAS

BHAGAVAT dit :

1. Je t'enseignerai maintenant la science suprême, la plus haute des connaissances, par laquelle tous les ascètes se sont d'ici-bas élevés à la suprême perfection.

2. Ceux qui s'identifient à moi, grâce à cette connaissance, ne renaissent pas, même au renouvellement du kalpa, et demeurent sans trouble à l'heure de sa destruction.

3. Le grand Brahman est pour moi la matrice ; j'y dépose le germe ; de là, ô Bhârata, tous les êtres tirent leur origine.

4. Les formes qui sortent d'une matrice quelle qu'elle soit, ô fils de Kuntî, de toutes le grand Brahman est la matrice ; j'en suis, moi, le père, celui qui donne la semence.

5. Les trois guṇas dits sattva, rajas et tamas, ont pour origine la prakṛiti ; ce sont eux, guerrier aux grands bras, qui tiennent prisonnière dans le corps l'âme impérissable.

6. Le sattva, étant sans tache, est lumière et Joie ; il enchaîne, ô héros irréprochable, par l'attrait du plaisir et par l'attrait de la connaissance.

7. Le rajas, sache-le, est passion ; il a pour origine l'attrait du désir ; c'est par l'attrait de l'action, ô fils de Kuntî, qu'il enchaîne l'âme.

8. Quant au tamas, né de l'ignorance, il égare toutes les âmes ; c'est par la négligence, la paresse et le sommeil qu'il enchaîne, ô Bhârata.

9. Le sattva conduit à la joie, le rajas à l'action, ô Bhârata ; quant au tamas, il obscurcit la pensée et jette dans la négligence du devoir.

10. C'est en dominant rajas et tamas que s'établit le sattva, ô Bhârata, le tamas en dominant rajas et sattva, et le rajas en dominant sattva et tamas.

11. Quand la lumière, la connaissance pénètre dans le corps par toutes ses portes, alors on peut être assuré que le sattva domine.

12. Lorsque grandit le rajas, ô Bhârata, alors naissent la cupidité, l'activité, l'esprit d'entreprise, l'inquiétude, le désir.

13. Quand le tamas se développe, ô fils de Kuru, alors naissent l'obscurité, la paresse, la négligence et l'erreur.

14. Si la mort survient quand le sattva domine, l'âme atteint les mondes purs des êtres qui possèdent la science la plus haute.

15. Si c'est le rajas, elle renaît parmi les êtres épris d'activité ; si c'est le tamas, parmi les êtres dénués de raison.

16. D'un acte vertueux le fruit sans tache est de la nature du sattva ; du rajas le fruit est là souffrance, et l'ignorance le fruit du tamas.

17. Du sattva naît la connaissance et du rajas la cupidité ; la négligence et l'erreur, l'ignorance aussi, viennent du tamas.

18. Ceux qui sont en puissance du sattva tendent à monter, ceux qui participent de la nature du rajas restent dans les régions moyennes, les êtres qui sont dans la sphère du dernier des guṇas, les êtres pénétrés de tamas, vont aux abîmes.

19. Quand ce témoin (qu'est l'esprit) sait qu'il n'y a pas d'agent en dehors des guṇas et connaît celui qui est par delà les guṇas, il s'élève jusqu'à mon être.

20. Dans ce corps même, il dépasse les trois guṇas qui sont l'origine du corps ; affranchi de la naissance et de la mort, de la vieillesse et de la souffrance, il atteint l'immortalité.

ARJUNA dit :

21. À quels signes, ô Maître, se reconnaît celui qui a dépassé les trois guṇas ? Comment se comporte-t-il et en quelle façon domine-t-il les trois guṇas ?

BHAGAVAT dit :

22. Ni la lumière, ni l'activité, ni l'erreur ne lui inspirent, présents, de répugnance ni, absents, de désir.

23. Celui qui, parfaitement indifférent, n'est nullement troublé par les guṇas, qui, se disant : « Ce sont les guṇas qui seuls sont en cause », se tient tranquille et ne s'agite pas,

24. Qui, maître de lui, également inaccessible au plaisir et à la souffrance, ne fait pas de différence entre une motte de terre, une pierre ou un lingot d'or, qui considère du même œil le plaisant et le déplaisant, qui est ferme, indifférent au blâme et à l'éloge,

25. Pour qui estime et mépris sont tout un, qui est le même pour amis et ennemis, qui a renoncé à toute entreprise, celui-là a dépassé les guṇas.

26. Et celui qui me sert avec une dévotion sans défaillance, celui-là, dépassant les guṇas, est mûr pour se fondre en Brahman.

27. Car c'est moi qui suis le support de Brahman, de l'Immortalité et de l'Impérissable et de l'ordre éternel et du bonheur parfait.

L'ESPRIT SUPRÊME

BHAGAVAT dit :

1. On raconte qu'il est un açvattha impérissable, les racines en haut, les branches en bas, dont les hymnes du veda sont les feuilles ; celui qui le connaît, celui-là connaît le veda.

2. Ses branches se développent en hauteur et en profondeur, poussant sur les guṇas ; ses bourgeons sont les objets des sens ; par en bas, ses racines se ramifient, liées aux actes, dans le monde des hommes.

3. On n'en perçoit pas en ce monde la forme, ni la fin, ni le commencement, ni l'envergure. Il faut, avec l'arme solide du renoncement, trancher d'abord cet açvattha aux puissantes racines ;

4. Puis rechercher le lieu d'où l'on ne revient pas et se réfugier dans le Purusha primitif de qui émane l'impulsion originelle.

5. Ce lieu impérissable est le lot assuré des sages libres d'orgueil et d'erreur qui ont triomphé de la concupiscence et, toujours ramassés sur eux-mêmes, ont fait taire tous les désirs, qui se sont affranchis également de toutes les impressions contraires, plaisir ou souffrance.

6. Ce lieu, ni le soleil, ni la lune, ni le feu ne l'éclairé ; ce lieu d'où il n'est pas de retour, c'est ma demeure suprême.

7. Une parcelle de moi éternelle, devenue âme vivante dans le monde des vivants, groupe les six sens — dont le sens interne — qui procèdent de la prakṛiti.

8. Qu'il prenne possession d'un corps où qu'il l'abandonne, Îçvara[1] les entraîne avec soi comme le vent les odeurs d'un brûle-parfums.

9. C'est par l'ouïe, la vue et le toucher, le goût et l'odorat et grâce au sens interne qu'il perçoit les objets.

10. Qu'il sorte du corps, ou qu'il y réside, ou qu'il perçoive dans son enveloppe de guṇas, les esprits égarés ne le découvrent pas ; il ne se découvre qu'aux yeux de la connaissance.

1 1. En faisant effort, les yogins aussi le voient résidant en eux ; mais les hommes dénués de réflexion et de vie intérieure ne le voient au prix d'aucun effort.

12. La splendeur qui, ramassée dans le soleil, illumine tout l'univers, celle qui est dans la lune et celle qui est dans le feu, sache que toute cette splendeur est de moi.

13. C'est moi qui, pénétrant la terre, soutiens par ma force tous les êtres, moi qui nourris toutes les plantes, étant le soma, la sève par excellence.

14. Moi qui, étant la chaleur au corps des vivants, associé au souffle vital[2], assimile les quatre sortes d'aliments.

15. Je demeure au cœur de tout être ; de moi procèdent la mémoire, la connaissance, le raisonnement ; c'est moi seul que tous les vedas ont pour but de faire connaître ; je suis l'auteur du vedânta et le maître du veda.

16. Il y a deux Purushas en ce monde, le destructible et l'indestructible : le premier embrasse tous les êtres ; le second est l'immuable.

17. Mais il est un autre Purusha, le plus haut, qu'on appelle le suprême âtman, qui, Seigneur impérissable, pénètre et soutient les trois mondes.

18. Comme je dépasse le destructible et que je suis supérieur même à l'indestructible, je suis dans le monde et dans le veda célébré sous le nom de Très-Haut (*purushottama*)[3].

19. Celui qui, inaccessible à l'erreur, me connaît ainsi comme Purushottama, celui-là sait tout, ô Bhârata ; il se voue à moi de tout son être.

20. Ce que je te révèle là, ô héros sans tache, c'est la doctrine la plus secrète. Qui la connaît possède vraiment l'intelligence ; il ne lui reste rien à accomplir.

1. ↑ « Dieu », c'est-à-dire l'âme universelle intégrée, comme ordinairement ici, dans un Dieu personnel.
2. ↑ Littéralement « associé au souffle inspiré et au souffle expiré ».
3. ↑ « Esprit suprême ».

XVI

DESTINÉES DIVINES ET DESTINÉES DÉMONIAQUES

BHAGAVAT dit :

1. L'intrépidité, la pureté intérieure, la fermeté à acquérir la science, la libéralité, la maîtrise de soi, la piété, l'étude, l'austérité, la droiture,

2. La bonté, la véracité, la patience, le renoncement, le calme, la sincérité, la pitié, le désintéressement, la tendresse, la pudeur, la tranquillité,

3. La force, l'endurance, la volonté, la pureté, l'indulgence, la modestie, tels sont, ô fils de Pâṇdu, les traits de qui est qualifié pour une destinée divine.

4. La fausseté, l'orgueil et l'infatuation, la colère et la dureté et, aussi, l'ignorance, ô fils de Pṛithâ, les traits de qui est voué à une destinée démoniaque.

5. La qualification divine mène à la délivrance, la démoniaque à l'asservissement de la transmigration. Réjouis-toi, ô fils de Pându, tu es marqué pour une destinée divine.

6. Il y a dans ce monde deux ordres d'êtres, les uns divins, les autres démoniaques. Je viens de te décrire le premier ; écoute, ô fils de Pṛithâ, ce qui caractérise le second.

7. Les hommes de complexion démoniaque ne savent ni agir ni s'abstenir de l'action ; en eux ni pureté, ni conscience, ni véracité.

8. Pour eux, cet univers est sans loi, sans fondement, sans dieu ; il n'est pas produit par une série de causes enchaînées mais résulte uniquement du désir.

9. Partant de cette erreur, ces êtres à l'esprit faible, funestes à eux-mêmes, naissent, malfaisants et pernicieux, pour le malheur de l'univers.

10. Dominés par l'insatiable désir, pleins de fausseté, d'orgueil et de folie, se forgeant, dans leur égarement, des idées mauvaises, ils vivent adonnés à des pratiques impures.

11. Absorbés par une inquiétude incessante qui ne finit qu'avec leur vie, uniquement tendus vers les jouissances du plaisir, ils se tiennent assurés qu'il n'est rien au delà.

12. Enchaînés par les mille liens de l'espérance, livrés au désir et à la colère, pour satisfaire leurs appétits, ils cherchent à s'enrichir, fût-ce par des moyens coupables.

13. J'ai acquis ceci aujourd'hui ; je pourrai satisfaire, tel désir ; ceci est à moi ; tel autre bien encore va m'échoir ;

14. J'ai frappé tel de mes ennemis ; à leur tour, je vais frapper les autres ; je suis le maître, je jouis, je réussis, je suis fort, je suis heureux ;

15. Je suis riche, je suis bien né ; quel autre est mon égal ? Je sacrifierai, je ferai des largesses, je vivrai dans la joie… Ainsi pensent les hommes égarés par l'ignorance.

16. Trompés par leurs illusions, pris au filet de l’erreur, attachés aux jouissances du plaisir, ils tombent dans l’enfer impur.

17. Pleins de soi, arrogants, animés de l’orgueil et de la folie de la richesse, ils offrent des sacrifices qui ne sont que formules vaines, œuvres d’ostentation que ne règle pas une exacte piété.

18. Voués à l’égoïsme, à la violence, à la vanité, au désir et à la colère, envieux et me poursuivant de leur haine en eux et dans les autres,

19. Ces êtres haineux, cruels, partout les derniers des hommes, ces êtres impurs, je les rejette indéfiniment dans des naissances démoniaques.

20. Condamnés de naissance en naissance à une destinée démoniaque, ces insensés, ô fils de Kuntî, loin de m’atteindre, tombent au dernier échelon de la vie.

21. Triple est cette porte de l’enfer si funeste à l’âme : désir, colère, cupidité ; que l’homme donc évite ces trois périls.

22. Libéré, ô fils de Kuntî, de ces trois portes de ténèbres, l’homme marche dans les voies du salut ; il atteint le but suprême.

23. Celui qui, rejetant les prescriptions de l’enseignement, ne connaît de règle que le désir, celui-là n’atteint pas la perfection ni le bonheur ni le séjour suprême.

24. Que l’enseignement soit donc ta règle pour établir ce qu’il faut faire, ce qu’il faut éviter ; connais et ne manque pas de pratiquer ici-bas ce que prescrit l’enseignement.

XVII

LA TRIPLE FOI

ARJUNA dit :

1. Ceux qui, tout en se dérobant aux préceptes de l'enseignement, sacrifient avec foi, sur quel terrain sont-ils, sattva, rajas ou tamas ?

BHAGAVAT dit :

2. La foi est, dans les âmes, de trois sortes ; expression en chacune de sa nature propre, elle se colore de sattva, de rajas et de tamas. Écoute !

3. La foi de chacun est, ô Bhârata, conforme à son être intime ; c'est sa foi qui fait l'homme ; telle sa foi, tel il est lui-même.

4. Les êtres de sattva sacrifient aux dieux, les êtres de rajas aux Yakshas et aux Rakshas ; les autres, les hommes de tamas, sacrifient aux morts et aux spectres.

5. Les hommes qui se soumettent à des austérités, excessives que l'enseignement ne prescrit pas, hypocrites et égoïstes, pleins de violence, de passion et de désir,

6. Molestant sans mesure les éléments groupés dans leur corps et moi-même qui y fais ma demeure, ceux-là, sache-

le, obéissent à une inspiration démoniaque.

7. La nourriture préférée de chacun est également de trois sortes, et aussi le sacrifice, l'ascèse et l'aumône ; écoute les différences.

8. Aux êtres de sattva, les aliments qui développent la vie, la solidité, la force, la santé, le bien-être, la joie, aliments savoureux, onctueux, fortifiants, agréables.

9. Les aliments amers, acides, salés, trop chauds, piquants, grossiers et brûlants sont ceux que préfèrent les êtres de rajas ; ils causent déplaisir, souffrance et maladie.

10. Ce qui est passé, qui a perdu toute saveur, qui est pourri, corrompu, voire des restes impurs, telle est la nourriture qui plaît aux êtres de tamas.

11. Le sacrifice procède du sattva, qui est pratiqué conformément aux rites par des hommes qui ne poursuivent aucun fruit, qu'inspire uniquement la pensée que sacrifier est un devoir.

12. Au contraire, c'est du rajas, ô le meilleur des Bhâratas, que procède le sacrifice offert en vue du fruit qu'on s'en promet ou bien encore par ostentation.

13. Du tamas procède le sacrifice qui s'écarte des rites, où manquent les offrandes ou les prières, que n'accompagne pas le don du aux prêtres, que n'inspire pas une foi sincère.

14. Culte des dieux, des brâhmanes, des maîtres et des sages, pureté, droiture, chasteté et respect de la vie, voilà ce qu'on appelle l'ascèse d'action ;

15. Un langage qui ne blesse jamais, vrai, agréable et utile et la récitation du veda, c'est l'ascèse de parole ;

16. Le calme de l'esprit, la bonté, le silence, la maîtrise de soi, la pureté intérieure, constituent l'ascèse de pensée.

17. Pratiquée avec une foi parfaite par des hommes appliqués au yoga et insensibles à tout calcul de récompense, cette triple ascèse procède du sattva.

18. Quant à l'ascèse qui recherche hypocritement l'admiration, les respects et la vénération de la foule, fragile et instable, elle participe du rajas.

19. L'ascèse, inspirée de folles illusions, que l'on pratique en se torturant soi-même ou en vue de procurer la perte d'autrui, celle-là procède du tamas.

20. L'aumône uniquement dictée par le précepte de charité, qui s'adresse à qui ne l'a pas prévenue par des bienfaits antérieurs, et qui, faite en lieu et en temps convenables, va à qui en est digne, cette aumône est de la nature du sattva.

21. Mais celle qu'inspire l'espoir de la récompense ou d'une contre-partie de bienfaits, cette aumône, souillée dans sa source, est de la nature du rajas.

22. L'aumône qui n'est faite ni en lieu ni en temps convenables, ni à des gens qui en soient dignes ; qui s'exerce d'une façon blessante et méprisante, de celle-là, on dit qu'elle procède du tamas.

23. On enseigne que la formule *oṃ, tat, sat* sert à désigner Brahman ; c'est par ces trois mots qu'ont, au

commencement, été institués les brâhmanes, les vedas et les sacrifices.

24. C'est pourquoi tous les exercices prescrits, sacrifices, aumônes, pénitences » sont toujours, chez les maîtres du Brahman, précédés de la syllabe *oṃ*.

25. C'est en pensant à *tat*, que les hommes qui cherchent la délivrance accomplissent, sans se préoccuper de leurs fruits, toutes les pratiques du sacrifice, de l'ascèse ou de la charité[1].

26. On emploie *sat* pour dire ce qui est et ce qui est bien ; ainsi, le mot *sat*, ô fils de Pṛithâ, s'applique à toute action louable.

27. La pratique fidèle du sacrifice, de la pénitence et de l'aumône est *sat*, et l'on proclame *sat* tout acte qui s'y rapporte.

28. Toute offrande, toute aumône, toute pénitence, tout acte accompli sans la foi, ô fils de Pṛithâ, est dit *asat*, et n'est, en effet, réellement pas, ni ici-bas ni dans l'au-delà.

1. ↑ *Tat*, « cela » sert dans la spéculation védantique à désigner l'être universel, la seule réalité objective.

XVIII

RENONCEMENT ET DÉLIVRANCE

ARJUNA dit :

1. Je voudrais, ô héros aux grands bras, connaître la nature du détachement et du renoncement, ô Hṛishîkeça, ô vainqueur de Keçin, et ce qui les distingue.

BHAGAVAT dit :

2. S'abstenir des actes qu'inspire le désir, voilà ce que les maîtres entendent par détachement ; renoncer à tout fruit des actes, c'est ce que les hommes éclairés appellent renoncement.

3. Suivant certains sages, tout acte implique faute, et il faut renoncer à tous ; d'autres estiment qu'il ne faut pas renoncer aux pratiques du sacrifice, de l'aumône, ni de la pénitence.

4. Écoute donc ce que j'enseigne sur le renoncement, ô le meilleur des Bhâratas. Du renoncement, ô Tigre des hommes, on distingue trois sortes.

5. Il ne faut pas renoncer aux pratiques du sacrifice, de l'aumône et de la pénitence ; il faut les accomplir. Le

sacrifice, l'aumône et la pénitence sont pour les sages des moyens de sanctification.

6. Mais ces pratiques mêmes, il faut les accomplir sans s'y attacher, ni à leurs fruits ; voilà, ô fils de Pṛithâ, quelle est ma formelle et suprême doctrine.

7. Il ne convient pas de s'affranchir d'un acte prescrit ; y renoncer, c'est s'égarer, c'est être sous l'empire du tamas.

8. Si quelqu'un, par crainte de la souffrance physique, se dérobe à quelque acte, le jugeant pénible, il agit sous l'empire du rajas ; il ne saurait cueillir le fruit du renoncement.

9. Accomplis l'acte prescrit, ô Arjuna, par la seule raison qu'il doit être accompli, sans attachement, sans égard pour ses fruits ; c'est là le renoncement qui relève du sattva.

10. L'homme qui pratique vraiment le renoncement, l'homme pénétré de sattva, affranchi du doute, n'éprouvé pas plus de répulsion pour un acte pénible que d'attrait pour un acte agréable.

11. Quant à renoncer complètement à tous les actes, l'âme, liée au corps, ne le peut pas ; c'est celui qui renonce aux fruits des actes qui vraiment pratique le renoncement.

12. Le fruit des actes est de trois sortes : désagréable, agréable, mélangé ; il est le partage, après cette vie, de ceux qui n'ont pas pratiqué le renoncement ; jamais de ceux qui ont vécu détachés.

13. Apprends de moi, ô guerrier aux grands bras, les cinq facteurs que la réflexion révèle dans l'accomplissement de

tous les actes,

14. Le sujet, l'agent et les organes divers, les différents modes d'activité et enfin, en cinquième, le destin.

15. Quoi que, en acte, en parole ou en pensée, l'homme entreprenne de bien ou de mal, toujours apparaissent les cinq facteurs.

16. Les choses étant ainsi, celui qui est assez irréfléchi pour penser que l'âme en est l'agent indépendant, celui-là voit mal, il se trompe.

17. Celui que n'égare pas l'égoïsme, dont l'intelligence n'est pas troublée, tuât-il toutes les créatures, ne tue pas, il ne se charge d'aucune chaîne.

18. La connaissance, l'objet à connaître et le sujet qui connaît sont les trois éléments qui préparent l'action ; l'organe, l'acte, l'agent, les trois éléments qui embrassent l'acte lui-même.

19. La connaissance, l'acte et l'agent sont de trois sortes selon le guṇa qui y domine. C'est ce qu'enseigne la théorie des guṇas ; écoutes-en le détail fidèle.

20. La doctrine qui reconnaît dans tous les êtres une essence unique, impérissable, indivisible, quoique répandue dans des objets séparés, sache que cette doctrine procède du sattva.

21. Mais la doctrine qui, égarée par la multiplicité des objets, admet dans tous les êtres des entités diverses et distinctes, dérive, celle-là, du rajas.

22. Quant à cette doctrine superficielle et bornée qui, sans remonter aux causes, s'attache à un objet particulier comme s'il était tout, celle-là procède du tamas.

23. L'acte prescrit que ne suggère aucun attrait, qui s'accomplit en dehors de toute passion, de toute haine, et sans préoccupation de ses fruits, cet acte procède du sattva.

24. Mais l'acte qu'on accomplit avec effort, sous l'empire du désir ou d'une pensée égoïste, cet acte est de la nature du rajas.

25. L'acte est dit procéder du tamas que l'on entreprend à l'aveuglette, sans mesurer sa force, sans se préoccuper des suites, des pertes qu'il entraînera en biens ou en vies.

26. L'agent procède du sattva qui est affranchi de tout attachement, ne se préoccupe pas de soi, est capable de volonté et d'énergie, ne se soucie ni du succès ni de l'insuccès.

27. Celui qui est passionné, préoccupé du fruit de l'acte, cupide, violent, impur, impressionnable à la joie et à la souffrance, un pareil agent relève du rajas.

28. L'agent léger, d'instincts bas, arrogant, fourbe, malhonnête, paresseux, découragé et lent, celui-là procède du tamas.

29. Écoute, ô Dhanañjaya, complète et détaillée, la triple distinction, d'après les guṇas, de l'intelligence et de la volonté.

30. L'intelligence qui connaît quand il faut agir ou non, ce qu'il faut faire et éviter, ce qu'il faut craindre ou ne pas

craindre, ce qui lie et ce qui délivre, cette intelligence, ô fils de Pṛithâ, participe du sattva.

31. L'intelligence qui ne discerne pas avec exactitude ce qui est permis ou interdit, ce qu'il faut faire ou éviter, cette intelligence, ô fils de Pṛithâ, procède du rajas.

32. L'intelligence enveloppée de ténèbres qui prend le mal pour le bien, et partout le vrai pour le faux, cette intelligence, ô fils de Pṛithâ, est de la nature du tamas.

33. La volonté qui, d'un effort sans défaillance, soutient l'activité de l'esprit, de la vie et des sens, cette volonté, ô fils de Pṛithâ, est de la nature du sattva.

34. La volonté, ô Arjuna, qui obéissant, faute de renoncement, au désir des fruits, poursuit le bien, l'agréable et l'utile, est, elle, ô fils de Pṛithâ, de la nature du rajas.

35. Celle de l'insensé qui ne se libère pas du sommeil, de la crainte, de la tristesse, de l'indolence, de l'enivrement, cette volonté, ô fils de Pṛithâ, relève du tamas.

36. Et maintenant, apprends de moi, ô le meilleur des Bhâratas, comment le bonheur est de trois sortes : celui qui grandit en durant et qui met définitivement un terme à la souffrance,

37. Qui, au commencement, semble amer comme un poison et, finalement, a la douceur de l'ambroisie, ce bonheur né de la paix que procure la connaissance de soi est lié au sattva.

38. Le bonheur que procure la satisfaction des sens, qui, d'abord, a la douceur de l'ambroisie, et, finalement,

l’amertume du poison, ce bonheur procède du rajas.

39. Le bonheur qui, du commencement à la fin, n’est qu’égarement de l’âme, que l’on cherche dans le sommeil, la paresse, l’indolence, ce bonheur-là est de la nature du tamas.

40. Il n’est, ni sur terre ni au ciel, parmi les dieux, rien qui soit affranchi de ces trois guṇas qui naissent de la Prakṛiti.

41. Entre Brâhmanes, Kshatriyas, Vaiçyas et Çûdras, les devoirs, ô héros terrible, sont répartis d’après les guṇas qui déterminent leur nature aux uns et aux autres.

42. Le calme, la maîtrise de soi, l’ascèse, la pureté, la patience et la droiture, la connaissance, l’intelligence et la foi sont affaire au brâhmane et fondés dans sa nature.

43. La vaillance, la force, la constance, l’adresse et dans le combat le courage qui ne connaît pas la fuite, la libéralité, l’exercice du pouvoir sont le devoir du kshatriya conforme à sa nature.

44. Le labourage, le soin des troupeaux et le négoce sont la tâche que sa nature assigne au vaiçya ; quant au çûdra, sa destination naturelle est de servir.

45. C’est en s’attachant chacun à sa tâche propre que les hommes atteignent la perfection. Écoute comment.

46. C’est en honorant par l’activité qui lui est dévolue l’être d’où vient l’impulsion de la vie et par lequel tout cet univers a été déployé, que l’homme trouve la perfection.

47. Mieux vaut accomplir, fût-ce médiocrement, son devoir propre qu'assumer, même pour l'accomplir en perfection, la tâche qui appartient à un autre. On ne contracte aucune tache à remplir le devoir que sa nature assigne à chacun.

48. Il ne faut pas, ô fils de Kuntî, se dérober à l'acte, même s'il apparaît coupable, qu'impose à chacun sa naissance ; car, comme le feu se mêle de fumée, toute activité se mêle d'imperfection.

49. L'esprit libre de tout attrait, maître de soi, affranchi de tout désir, s'élève par le détachement à la perfection suprême qu'est la suppression de l'acte.

50. Apprends de moi, ô fils de Kuntî, comment, atteignant la perfection, on atteint du même coup Brahman, ce qui est le sommet suprême de la connaissance.

51. Celui dont l'intelligence est éclairée, qui se maîtrise par une volonté ferme, qui est détaché des sons et des autres objets des sens, qui déracine en soi la passion et la haine,

52. Qui pratique la solitude, mange légèrement, qui en tout, pensées, paroles et actions, se domine, qui, uniquement appliqué à la contemplation, se recueille dans une invariable impassibilité,

53. Qui, s'affranchissant de l'égoïsme, de la violence, de l'orgueil, du désir, de la colère, de la richesse, supérieur à tout calcul personnel, atteint au calme, celui-là est mûr pour se fondre en Brahman.

54. Identifié à Brahman, l’âme sereine, il ne connaît ni la tristesse, ni le désir ; voyant tous les êtres du même œil, il se voue à moi d’une dévotion suprême.

55. Grâce à cette dévotion, il méconnaît ; il sait quel et combien grand je suis en vérité ; dès qu’il me connaît tel que je suis, aussitôt il entre en moi.

56. Quelques actions encore qu’il accomplisse jamais, après qu’il a pris en moi son refuge, il atteint, par ma faveur, la demeure éternelle ; impérissable.

57. Ne voyant que moi, rapportant à moi en pensée toutes tes actions, tendant l’effort de ton intelligence, demeure toujours l’esprit plein de moi.

58. L’esprit plein de moi, par ma faveur, tu franchiras tous les obstacles ; mais si, par infatuation égoïste, tu ne m’écoutes pas, tu es perdu.

59. Quand, esclave de ta pensée propre, tu refuses de combattre, ta résolution est vaine ; ta nature intime l’emportera.

60. Lié, ô fils de Kuntî, par ta tâche innée, ce que, dans ton erreur, tu te refuses à faire, tu le feras, fût-ce contre ton gré.

61. Dieu, ô Arjuna, réside au cœur de tous les êtres, les mettant en mouvement par sa puissance, comme s’ils étaient des ressorts en sa main.

62. Prends en lui ton refuge, ô Bhârata, de tout ton être ; par sa faveur, tu atteindras la paix suprême, la demeure éternelle.

63. Je t'ai fait connaître la vérité, le mystère des mystères ; médite à fond mes enseignements, puis, agis comme il te plaira.

64. Encore une fois, écoute ma suprême parole, de toutes la plus mystérieuse… Tu m'es profonddément cher ; c'est pourquoi je veux te parler pour ton bien.

65. Que ton esprit s'attache à moi, que ta dévotion soit pour moi, pour moi tes sacrifices, à moi tes adorations, et c'est à moi que tu viendras ; je te le promets en vérité ; car tu m'es cher.

66. Laisse-là toutes les règles et accours à moi comme à ton seul refuge ; je t'affranchirai de tous les maux, ne t'inquiète pas.

67. Cette parole tu ne la dois jamais communiquer à qui ne pratique pas l'ascèse ni la dévotion, à qui n'est pas disposé à obéir, à qui me dénigre.

68. Mais celui qui répandra ce mystère suprême parmi mes fidèles, ayant pratiqué envers moi la dévotion parfaite, entrera assurément en moi.

69. Nul parmi les hommes ne fera œuvre qui me soit plus agréable, nul ici-bas ne me sera plus cher.

70. Et celui qui se pénétrera de cette conversation sainte échangée entre nous, je considérerai qu'il m'a offert le sacrifice en esprit.

71. Et l'homme qui l'aura seulement écoutée avec foi et componction, affranchi, lui aussi, atteindra les mondes heureux réservés aux hommes de bien.

72. As-tu, ô fils de Pṛithâ, recueilli mes paroles d'un esprit tout à fait attentif ? En est-ce fait, ô Dhanañjaya, des erreurs de ton ignorance ?

ARJUNA dit :

73. C'en est fait de mon erreur ; grâce à toi, ô Ačyuta, j'ai retrouvé l'esprit, me voici ferme, affranchi du doute ; j'exécuterai ton ordre.

SAÑJAYA dit :

74. Tel j'ai entendu ce dialogue de Vâsudeva et de l'illustre fils de Pṛithâ, dialogue merveilleux qui fait frissonner d'admiration.

75. Grâce à Vyâsa, j'ai recueilli ce mystère suprême, le yoga, de la bouche de Kṛishṇa, le maître du yoga enseignant directement en personne.

76. Ô roi, chaque fois que je pense à ce pur, à ce merveilleux dialogue de Keçava et d'Arjuna, j'éprouve une joie toujours nouvelle.

77. Et chaque fois que je repense à cette vision merveilleuse de Hari, une stupeur m'étreint et j'éprouve une joie toujours nouvelle.

78. Où est Kṛishṇa, le dieu du yoga, où l'archer fils de Pṛithâ, là sont fixées à, toujours la fortune, la victoire, la prospérité. Telle est ma foi.